GERENCIAMENTO DE PROJETOS em 7 PASSOS

GERENCIAMENTO DE PROJETOS

em 7 PASSOS

viabilidade, planejamento e execução

2ª Edição ATUALIZADA E AMPLIADA

Armando Terribili Filho, PMP

ALTA BOOKS
GRUPO EDITORIAL
Rio de Janeiro, 2025

Gerenciamento de Projetos em 7 Passos

Alta Books é uma empresa do Grupo Editorial Alta Books (Starlin Alta Editora e Consultoria LTDA.).

ISBN:978-85-508-2614-1

Impresso no Brasil — 1ª Edição, 2025 — Edição revisada conforme o Acordo Ortográfico da Língua Portuguesa de 2009.

Dados Internacionais de Catalogação na Publicação (CIP)
(BENITEZ Catalogação Ass. Editorial, MS, Brasil)

T326g
1.ed. Terribili Filho, Armando
Gerenciamento de projetos em 7 passos : viabilidade, planejamento e execução / Armando Terribili Filho. - 2.ed. - Rio de Janeiro : Alta Books, 2025.
176 p.; 15,7 x 23 cm.

ISBN 978-85-508-2614-1

1. Administração de empresa. 2. Projetos - Administração. 3. Projetos - Desenvolvimento. 4. Projetos - Planejamento. I. Título.

03-2025/234 CDD 658.404

Índice para catálogo sistemático:
1. Projeto : Desenvolvimento : Administração 658.404
Aline Graziele Benitez - Bibliotecária - CRB-1/3129

Grupo Editorial Alta Books

Produção Editorial: Grupo Editorial Alta Books
Diretor Editorial: Anderson Vieira
Editor da Obra: J. A. Ruggeri
Vendas Governamentais: Cristiane Mutüs
Gerência Comercial: Claudio Lima

Produtora Editorial: Ana Clara Tambasco
Revisão: Leandro Menegaz e Maria Rodrigues
Diagramação: Rita Motta
Capa: Crontec

ALTA BOOKS
GRUPO EDITORIAL

Rua Viúva Cláudio, 291 — Bairro Industrial do Jacaré
CEP: 20.970-031 — Rio de Janeiro (RJ)
Tels.: (21) 3278-8069 / 3278-8419
www.altabooks.com.br — altabooks@altabooks.com.br
Ouvidoria: ouvidoria@altabooks.com.br

Editora **afiliada à:**
abdr
ASSOCIADO CBL Câmara Brasileira do Livro

Sobre o autor

Armando Terribili Filho é pós-doutor em Metodologias de Gerenciamento de Projetos pela Universidade Estadual Paulista (UNESP), doutor em Educação pela UNESP, mestre em Administração de Empresas pela FECAP de São Paulo e bacharel em Matemática na área de Tecnologia da Informação pela Fundação Santo André. Possui formação complementar em Inteligência Emocional em Nápoles, na Itália, e Liderança Emocional em Madri, na Espanha. É fundador e diretor da Impariamo Cursos e Consultoria, em Curitiba.

Atua em consultoria de negócios e na área de gestão de projetos, portfólios e Escritório de Projetos com implantação e avaliação de PMOs. Realiza palestras e cursos sobre inteligência emocional, gestão de conflitos, motivação, assédio moral e sexual, dentre outros temas relevantes. Detém as certificações PMP do PMI desde 2003, além de ITIL.

É professor em cursos de pós-graduação em Curitiba, no Instituto Municipal de Administração Pública da Prefeitura de Curitiba (IMAP), na ESIC Business & Marketing School, Grupo Educacional Pólis Civitas, IDD Educação Avançada e PUC-PR (digital).

No estado de São Paulo, é docente nos MBAs USP/ESALQ de Gestão de Projetos e Gestão Escolar. No Espírito Santo, no CETI/iBEXT Business School. Em Santa Catarina, na UNIVALI de Itajaí; e, no Rio Grande do Sul, na PUC-RS (digital).

É palestrante em congressos em nível nacional e internacional organizados pelo PMI-SP, PMI-PR, PMI-DF, PMI-MG, PMI-ES, PMI-SC, PMI-RS, PMI-PE e PMI-PB. Foi palestrante na Cidade do Panamá. Foi colaborador do *chapter* do PMI Espírito Santo na coluna "Pergunte ao Especialista".

Trabalhou na Unisys Brasil por 26 anos e em empresas como Alcan, Spal (Coca-Cola, em São Paulo), J.W. Thompson e Copebrás. Como Diretor de Projetos na Unisys, foi certificado nos EUA como Black Belt, atuando no programa Six Sigma Lean, gerenciando projetos internacionais. Foi também responsável pela área de Resource Management e Project

Quality Office (PQO), realizando revisões de qualidade em todos os projetos da organização.

Foi professor titular doutor da Fundação Armando Alvares Penteado (FAAP) de São Paulo na Faculdade de Administração e na pós-graduação, com atuação por mais de dez anos na instituição, tendo sido editor da Revista Estratégica. Atuou como docente na pós-graduação da Universidade Positivo (Curitiba/PR), Faculdades da Indústria SENAI/FIEP (Curitiba/PR), Centro Universitário Integrado (Campo Mourão/PR), SENAC (São Paulo/SP, Bauru/SP e Florianópolis/SC), Católica de Santa Catarina (Jaraguá do Sul/SC), Unisep (Francisco Beltrão/PR), Universidade São Judas Tadeu (São Paulo/SP), Fateb (Birigui/SP), Uninove (São Paulo/SP), UNIFAI (São Paulo/SP), Faculdade São Luiz (Brusque/SC), Unidavi (Rio do Sul/SC) e Instituto de Desenvolvimento Econômico e Social de Fronteiras (Foz do Iguaçu/PR) nas áreas de negócios, gestão de pessoas, gestão de projetos e formação de professores para o ensino superior.

Orientou dezenas de trabalhos de conclusão de curso em nível de graduação e pós-graduação nas áreas de projetos, processos e negócios, tendo participado de uma centena de bancas de graduação, pós-graduação *lato* e *stricto sensu*. É parecerista de revistas nacionais e internacionais das áreas de projetos e educação superior.

Publicou mais de uma centena de artigos, tem publicações científicas nos EUA, Itália, Espanha, Portugal, Argentina, Chile, Colômbia, Costa Rica, México e Brasil.

LIVROS PUBLICADOS:

- *Ensino superior noturno* (2009, coautor);
- *Indicadores de gerenciamento de projetos* (reimpressão, 2014);
- *Gerenciamento dos custos em projetos* (2014);
- *Lessons Learned em gerenciamento de projetos* (2015, coautor);
- *Seja um professor nota 10 no ensino superior* (2020);
- *CWB em duas rodas* (2022);
- *Gerenciamento de projetos em 7 passos* (reimpressão, 2024);
- *Negociação em Projetos* (reimpressão, 2024, coautor);
- *Indicadores de Gerenciamento de Projetos* (2ª edição, 2025).

E-BOOKS PUBLICADOS:

- *Gerações de profissionais no ambiente de trabalho* (PMI-DF e PMI-PB, 2021);
- *Inteligência emocional e os estilos de liderança* (Engine, 2023).

Dedico este livro...

a meus pais pela vida que me deram, pelos valores e princípios que me transmitiram, pela educação que me ofereceram, pelas orientações e pelos caminhos que me oportunizaram...

e às minhas netas, Yasmin e Isis, que comprovam o maravilhoso ciclo da vida e a evolução humana!

Agradecimentos

Esse livro é fruto de duas vertentes de aprendizado e de coleta de informações com base em vivência prática: mundo profissional e acadêmico.

Pela experiência de mais de 26 anos na Unisys Brasil, tive a oportunidade de gerenciar inúmeros projetos internos e dezenas de projetos com clientes. Projetos com variados níveis de complexidade e criticidade, de organizações públicas e privadas de distintos segmentos de mercado, equipes presenciais e remotas com projetos multipaíses. Meu agradecimento é para aqueles que me apoiaram, incentivando e exigindo que cada vez mais me desenvolvesse e tivesse um melhor desempenho. Obrigado, aprendi muito com vocês e com as oportunidades que me ofereceram: Camille el-Koury, Jacques Rollet, Luis Delphim Esteves, Luiz Fernando Amâncio e Miriam Favilla Caçador.

Como empresário, há mais de dez anos na Impariamo Cursos e Consultoria, com dezenas de clientes na área de consultoria em implantação de Escritórios de Projetos (PMOs) e capacitação em gestão de projetos e habilidades comportamentais, só posso agradecer a profissionais que se tornaram amigos, pela parceria e pela confiança: André Luiz Nadjarian, Anna Mussi, Eduardo Barros, Fabio Barnes, Honorato Chudson, Juliano Ferreira, Luiz Eduardo de Carvalho, Paulo Maia Jr., Priscila Avelar Rocha e Weber Correa.

Nas três décadas de vivência no mundo acadêmico, palco de pesquisas, artigos, aulas, *workshops*, palestras e interações com provocativos estudantes de graduação e pós-graduação, está meu agradecimento aos amigos docentes: Alexandre Weiller, Audemir Loris, Carol Shinoda, Emerson Piovezan, Mauricio Mallmann, Othon da Silva e Ovídio Felippe Pereira da Silva Jr.

Cada nome citado representa um importante "tijolo" na construção deste livro e do meu desenvolvimento como profissional ou como docente. Sem um tijolo, a construção estaria incompleta. Por isso, sintam-se citados em todo transcorrer deste livro – nos conceitos e nos exemplos.

O mínimo que posso mostrar como reconhecimento é dizer "muito obrigado"!

Sumário

Prefácio

A capacidade de gerenciar projetos é cada vez mais necessária para realizarmos as transformações que o nosso mundo precisa. No âmbito global, é urgente a articulação das lideranças mundiais para implementarmos projetos que busquem a reversão da crise climática, a redução das desigualdades sociais, a pacificação de países em guerra, a ampliação da base tecnológica para a geração e a distribuição de alimentos e criação de medicamentos e tratamento para a cura de doenças e melhoria da saúde física e mental.

Nas organizações, os projetos são os viabilizadores da inovação e os articuladores entre a estratégia e os resultados. Sem eles, as empresas não conseguem aumentar sua produtividade – um aspecto crítico em um mundo com recursos cada vez mais escassos.

E, por fim, no âmbito individual, os projetos permitem a realização de sonhos e objetivos pessoais. Uma pessoa sem projetos não constrói futuro.

E este livro atua no cerne dessa necessidade de construção de competências técnicas em gerenciamento de projetos de que tanto precisamos para a evolução e sustentabilidade global, organizacional e pessoal.

Terribili traz para o texto suas melhores competências: visão do todo, capacidade de síntese, cuidado com os detalhes e generosidade. Por meio da leitura, conseguimos compreender um projeto do início ao fim, etapa a etapa. Ao final de cada capítulo, é disponibilizado um resumo com os dez pontos relevantes que nos ajuda a assimilar os aspectos mais fundamentais que devemos levar para a nossa prática. Além disso, a cada passagem, podemos perceber o cuidado que o autor tem em compartilhar no detalhe suas melhores experiências, incluindo aspectos como a redação de uma boa ata, pois quem já realizou pelo menos um projeto na vida sabe a grande diferença que esta faz para a comunicação e o alinhamento das partes interessadas em um projeto. E a essência de organizar um livro que ajuda as pessoas a desvendarem as etapas e ferramentas do gerenciamento de projetos advém da imensa generosidade do Terribili. Quem tem a honra de conhecê-lo sabe quão genuína é sua dedicação para contribuir com as pessoas.

Um ponto importante é a escolha do autor em focar na abordagem preditiva. A meu ver, é imprescindível que uma pessoa que queira agregar a competência de gerenciamento de projetos comece essa jornada por tal tipo de abordagem. Sem esse domínio, pode-se correr o risco de praticar uma abordagem adaptativa/ágil, quando se poderia ter planejado e realizado o projeto de forma preditiva, fazendo o esforço de prever o que pode sim ser previsto, mas não se tinha o conhecimento para tal estruturação. Com isso, perde-se foco, recursos e credibilidade. Dominar a abordagem preditiva – com suas etapas e ferramentas – é fundamental.

Que você, leitor ou leitora, faça uma incrível jornada de aprendizagem do gerenciamento técnico de projetos. Que esses sejam os primeiros sete passos de grandes transformações na sua vida pessoal e profissional!

Um abraço,

Carol Shinoda

Membro da Coordenação Acadêmica do MBA
USP/ESALQ de Gerenciamento de Projetos

Como usar este livro

Este livro tem por objetivo auxiliar o profissional de mercado, o estudante de graduação ou de cursos de pós-graduação na gestão de projetos profissionais ou pessoais por meio de uma abordagem prática e simplificada, que vai desde o estudo de viabilidade, passando pelo planejamento, execução/controle até o encerramento do projeto.

Antes da apresentação dos sete passos, são explanados dez conceitos que darão sustentação teórica para maior entendimento do proposto passo a passo. Os sete passos são:

Passo 1 – Definição preliminar do projeto;
Passo 2 – Planejamento do escopo;
Passo 3 – Planejamento do cronograma, dos recursos e custos;
Passo 4 – Planejamento da comunicação e estratégia de riscos;
Passo 5 – Lançamento do projeto;
Passo 6 – Execução e controle do projeto;
Passo 7 – Encerramento do projeto.

No **Apêndice A**, é apresentada a Análise de Valor Agregado, incluindo conceitos, indicadores e exemplos de como gerenciar custos e prazos do projeto utilizando essa técnica. No **Apêndice B**, é mostrada a forma de cálculo do Caminho Crítico de um projeto, pois embora os programas de elaboração/gestão de cronogramas façam isso automaticamente, saber calcular pode ser útil na solução de questões de um exame de certificação em gerenciamento de projetos.

Ao final, é apresentado o **Índice** para agilizar a consulta a temas específicos que foram abordados no livro.

A seguir, sete pontos importantes na utilização desta obra:

1. **Forma de tratamento:** quanto à forma de tratamento utilizada neste livro, o profissional de Gerenciamento de Projetos é citado pelo

gênero masculino. Assim, quando é mencionado "o Gerente de Projetos" refere-se ao profissional da área. O termo Gerente de Projetos indica que o profissional pode ser o gerente de vários projetos ou de um único projeto; porém, neste caso, não foi utilizado o termo "gerente do projeto" e sim "Gerente de Projetos".

2. **Língua inglesa:** algumas palavras usualmente conhecidas em língua inglesa assim foram mantidas, contudo, sempre privilegiando a língua portuguesa. Como exemplo, pode-se citar: patrocinador (*sponsor*), gerente de recursos (*Resource Manager*), lições aprendidas (*Lessons Learned*), lista de verificação (*checklist*) etc.
3. **Glossário e índice:** todos os termos técnicos que necessitem de esclarecimentos são apresentados no próprio transcorrer dos temas, por meio de explicações no texto ou de notas de rodapé. O índice apresentado ao final do livro visa facilitar a localização de qualquer termo ou assunto apresentado.
4. **Exemplos e fórmulas:** os exemplos de projetos apresentados são diversificados, visando abranger segmentos distintos. As fórmulas, sempre que aparecem pela primeira vez, são exibidas dentro de um retângulo, a fim de facilitar a identificação e localização.
5. **Projetos internos e externos:** sempre que necessário, serão mencionadas particularidades relativas a projetos internos (desenvolvidos internamente na organização) e projetos externos (vendidos a clientes por empresas prestadoras de serviços).
6. **Conjuntos de pontos relevantes:** nos itens mais importantes relacionados a cada passo, há conjuntos de "10 pontos relevantes", apresentando-os de forma sintética e objetiva. Esses itens têm destaque gráfico para facilitar a visualização.
7. **Siglas:** PMI, PMP, CAPM, PgMP, PMBOK, PMI-ACP e PMI-RMP que são apresentadas ao longo deste livro são marcas registradas do Project Management Institute. IPMA e ICB são marcas registradas do International Project Management Association. MS-Excel é marca registrada da Microsoft.

Introdução

O passo a passo proposto neste livro visa contribuir com o entendimento e estabelecer um processo didático para as etapas de um projeto: autorização, planejamento, execução/controle e encerramento. Na Figura 1, os passos são apresentados de forma esquemática.

O Passo 1 representa a "autorização ou aprovação" para dar seguimento ao detalhamento do projeto. Por isso, é constituído de uma definição preliminar e de estudo de viabilidade.

Os Passos 2, 3 e 4 representam o planejamento do projeto com ênfase no método preditivo: escopo, cronograma, recursos, custos, comunicação e riscos. Já, os Passos 5 e 6 são pertinentes ao lançamento do projeto e à execução e controle. O Passo 7 refere-se ao encerramento.

As linhas pontilhadas na Figura 1 representam possível retroalimentação a partir do "Passo 6 – Execução e Controle do Projeto", quando os planos são atualizados em função de alterações que ocorrem em várias dimensões decorrentes do progresso do projeto.

Para projetos externos (vendidos a clientes), o Passo 1 equivale à "avaliação da oportunidade", quando a empresa prestadora de serviços faz um diagnóstico da atratividade da oportunidade em seu cliente ou potencial cliente (*prospect*).

Quando a venda ocorre na modalidade de preço fixo, os Passos 2, 3 e 4 – relativos ao planejamento do projeto – devem ser desenvolvidos para a elaboração da proposta, pois somente ao final do quarto passo é que serão conhecidas as estimativas de custos, que norteiam o preço a ser apresentado ao cliente. Para projetos internos, dependendo da organização, pode haver necessidade de nova aprovação, pois neste momento se tem com maior precisão os custos estimados e os prazos, além de se conhecer com maior profundidade os requisitos, os critérios de aceite, os riscos e as respostas aos riscos. Na Figura 2, está a representação.

Figura 1

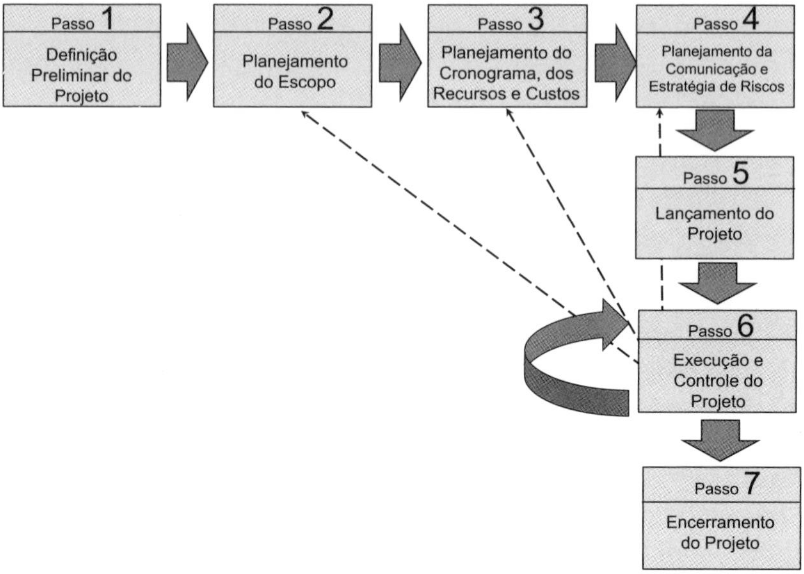

Representação esquemática dos 7 passos

Fonte: o autor.

Figura 2

Etapa	Passo	Descrição	Particularidades para	
			Projetos internos	**Projetos externos (vendidos)**
Autorização ou aprovação	**1**	Definição preliminar do projeto	Análise de atratividade e/ou estudo de viabilidade	Análise da oportunidade
Planejamento	**2**	Planejamento do escopo		
	3	Planejamento do cronograma, dos recursos e custos		
	4	Planejamento da comunicação e estratégia de riscos	Ao final, pode haver necessidade de nova aprovação	Ao final, os custos estimados e as reservas são base para determinação do preço para a proposta junto ao cliente
Execução e controle	**5**	Lançamento do projeto		
	6	Execução e controle do projeto		
Encerramento	**7**	Encerramento do Projeto		

Etapas, passos e particularidades para projetos internos e projetos externos

Fonte: o autor.

Passo 1 - Definição Preliminar do Projeto

Trata-se da definição preliminar do projeto por meio da criação do Termo de Abertura de Projeto (TAP) ou do Canvas. Neste primeiro passo, está prevista a realização da análise de atratividade e/ou estudo de viabilidade que, após a aprovação, autoriza a existência do projeto na organização. Esses documentos e estudos contêm informações que ainda estão em alto nível e que serão base para o detalhamento do projeto.

Passo 2 - Planejamento do Escopo

O escopo é aquilo que o projeto tem como proposta de entrega, com base nos requisitos definidos. A clara especificação do escopo é, certamente, uma das tarefas mais importantes em um projeto, pois, como consequência desta definição, serão estabelecidas as entregas planejadas, o cronograma, os recursos necessários, as aquisições e os custos estimados.

Passo 3 - Planejamento do Cronograma, dos Recursos e Custos

O cronograma é um documento essencial, pois indica de forma clara e objetiva as atividades que gerarão as entregas do projeto. É um importante instrumento de comunicação do Gerente de Projetos com a equipe e com o patrocinador (*sponsor*). O planejamento de recursos humanos deve ser feito com base nas atividades programadas para o projeto, pois envolve habilidades e competências específicas para realizá-las. Por vezes, há necessidade de se adquirir materiais, equipamentos, ferramentas, *softwares*, sistemas e serviços externos. Os custos dos recursos humanos e das aquisições determinam a estimativa preliminar de custos do projeto.

Passo 4 - Planejamento da Comunicação e Estratégia de Riscos

O planejamento da comunicação deve contemplar as comunicações com todos os interessados (*stakeholders*) do projeto por meio do Plano de Comunicação. Este plano deve, no mínimo, contemplar o calendário para realização das reuniões operacionais e executivas de avanço do projeto e a preparação/distribuição de relatório de progresso.

Os riscos são possíveis eventos que, se transformados em realidade, trarão algum impacto ao projeto, seja negativo ou positivo (oportunidades). A construção de um Plano de Gestão de Riscos consiste em identificar, analisar, atuar e monitorar os riscos.

Os custos relativos às ações de comunicação e de respostas aos riscos, além das reservas financeiras, devem ser considerados nos custos do projeto.

Passo 5 - Lançamento do Projeto

O lançamento de um projeto é precedido pela mobilização da equipe, pelos comunicados que o divulgam e os benefícios esperados, criando um ambiente propício para seu lançamento, que, em geral, é realizado por uma Reunião de Início (*kickoff*).

Passo 6 - Execução e Controle do Projeto

Na execução e controle de um projeto, as mudanças são gerenciadas e os planos atualizados. O uso de indicadores permite que condições de anormalidade sejam constatadas e gerenciadas, com base na análise das causas-raiz dos desvios. É, sobretudo, neste passo que as Lições Aprendidas (*Lessons Learned*) são capturadas – sejam a partir de erros ou de acertos.

Passo 7 - Encerramento do Projeto

O aceite final do projeto é caracterizado pelo momento em que os requisitos do projeto foram atendidos. Neste passo, ocorrem os processos de aceite da qualidade das entregas, avaliação de desempenho dos profissionais e encerramento dos contratos com o cliente e/ou fornecedores.

10 Conceitos Fundamentais

O avanço da profissionalização da área de Gerenciamento de Projetos no país caminha a passos largos e é irreversível nas três dimensões: organizações, pessoas e instituições de ensino associadas à capacitação dos profissionais.

Tal fato é evidenciado observando-se a expansão na oferta de cursos em nível de pós-graduação na área de Gerenciamento de Projetos, no representativo aumento na quantidade de lançamentos de livros neste segmento, na contínua realização de eventos nacionais e internacionais abordando o âmbito de projetos, no linguajar específico da área que se torna a cada dia mais disseminado no mundo organizacional e na proliferação de sistemas de apoio à gestão de projetos: elaboração e controle de cronogramas, gestão de custos, de recursos, da documentação das entregas planejadas etc.

As organizações privadas, públicas e do terceiro setor buscam cada vez mais atuar na modalidade de projetos, não só pela cientificidade encontrada nas metodologias, técnicas e ferramentas atuais, mas, sobretudo, pelas vantagens inerentes dessa abordagem, pois os projetos têm objetivos claros, são finitos em termos de prazo e têm orçamento pré-definido.

Se os conceitos e aplicações de Gerenciamento de Projetos nasceram nas Engenharias e na Arquitetura, a rápida propagação por Tecnologia da Informação e Comunicação, Educação, Saúde, Transportes e Entretenimento fizeram com que essa área se transformasse em algo transversal, permeando praticamente todos os segmentos de mercado. Assim, siglas e jargões da área – como PMO, PMI, PMBOK e PMP – são usuais no mercado e no mundo acadêmico.[1]

1 Siglas: a sigla PMO tem sua origem em Project Management Office, que pode ser traduzido por Escritório de Projetos; PMI representa Project Management Institute, que é o mais conhecido instituto de Gerenciamento de Projetos no Brasil; PMBOK se refere a Project Management Body of Knowledge, sendo uma publicação do PMI sobre boas práticas na área; e a sigla PMP, Project Management Professional, representa uma certificação na área, emitida pelo PMI para os profissionais aprovados em um exame específico.

Conceito 1 - Projeto

Projeto é qualquer esforço (empreendimento) temporário (com início e fim) que gera uma ou várias entregas singulares, envolvendo orçamento, relativo a recursos humanos, materiais e logística. É neste contexto que as organizações têm interesse em atuar: algo finito (prazo), com orçamento conhecido (custos) para geração de produtos/serviços (requisitos atendidos com qualidade). Uma "entrega" pode ser entendida com uma "saída" de um projeto (criação) com base em requisitos previamente definidos e critérios de aceite estabelecidos, tornando-o algo verificável e sujeito à aprovação do patrocinador (*sponsor*) ou do cliente.

Os projetos estão presentes em qualquer área do conhecimento – como Recursos Humanos, Saúde, Arquitetura, Engenharia, Eventos, Tecnologia da Informação e Comunicação, Educação, Meio Ambiente e Entretenimento – e são realizados em instituições públicas, privadas e ONGs. São exemplos de projetos:

- construção de um ginásio de esportes;
- desenvolvimento de um sistema para gestão de empresa locadora de veículos;
- realização de um intercâmbio no Canadá por dois meses;
- realização de seminário internacional sobre Arquitetura e Urbanismo no século XXI;
- capacitação de profissionais de atendimento nas Unidades Básicas de Saúde (UBS);
- implantação de um sistema ("pacote de mercado") para atendimento à área de Logística;
- desfile anual de Escolas de Samba no Rio de Janeiro;
- realização de uma Copa do Mundo de Futebol ou Olimpíada.

Em todos os exemplos apresentados, há sempre uma ou mais entregas (que são únicas e verificáveis), prazo finito (caso contrário, se o prazo fosse indeterminado não seria projeto, mas sim "operação") e recursos envolvidos (financeiros, humanos, de materiais, logísticos). A complexidade varia de projeto para projeto, pois a realização de uma Copa do Mundo de Futebol envolve muitos subprojetos nas áreas de construção e/ou reforma de estádios, de infraestrutura rodoviária, aeroportuária e hoteleira, de melhoria da segurança pública, de turismo, de capacitação de profissionais, de divulgação da cultura do país organizador, dentre outros.

Uma representação simplificada de um projeto é mostrada na Figura 3, por meio de uma estrada que tem ponto de partida e de chegada, gerando algo único – que pode ser um produto, serviço ou um resultado.

Figura 3

Representação simplificada de um projeto
Fonte: o autor.

Diz-se que não existem dois projetos iguais, podendo, porém, existir projetos semelhantes. Por exemplo, imagine o projeto "Realização de um intercâmbio no Canadá por dois meses" em um determinado ano e outro no ano seguinte. Mesmo que seja a mesma pessoa realizando o intercâmbio na mesma cidade canadense, hospedando-se no mesmo hotel e frequentando a mesma instituição de ensino, os projetos são distintos. A "entrega" do projeto (conhecimento em língua inglesa) é diferente em cada ano, pois o nível de conhecimento final do primeiro e segundo intercâmbios são distintos.

Conceito 2 - Gerenciamento de projetos

O gerenciamento de projetos visa realizar as entregas planejadas em um projeto com a qualidade esperada, no prazo previsto e dentro do orçamento aprovado. Para vencer esse conjunto de desafios e fazer com que o projeto traga os resultados/benefícios propostos, o gerente de projetos relaciona-se com o patrocinador, usuários finais e fornecedores liderando a equipe de trabalho composta por especialistas e generalistas. Para isso, ele se utiliza de suas habilidades, competências, conhecimentos, ferramentas, técnicas, métodos e padrões estabelecidos na organização.

Um gerente de projetos é um profissional que atua em vários segmentos do mercado. Além disso, ele deve se manter atualizado, saber negociar interna e externamente à organização, gerenciar pessoas e conflitos, comunicar-se bem e conhecer a legislação. Entretanto, o sucesso dele não é medido pelo que este sabe, mas pelo que consegue realizar.

As habilidades técnicas de gestão são necessárias, mas não são mais suficientes. Evidentemente, é importante que um gerente saiba elaborar um cronograma, que conheça técnicas e ferramentas para gestão desse cronograma, que efetue a análise quali-quantitativa dos riscos identificados no projeto, que tenha fundamentação teórica e prática para calcular e gerenciar as reservas do projeto, que conheça ferramentas de Inteligência Artificial (IA), dentre outras habilidades técnicas. Por isso, atualmente diz-se que as habilidades comportamentais complementam o perfil requerido pelo mercado – ou seja, formar e gerenciar uma equipe, mantendo-a estimulada para realizar as entregas, saber se comunicar com assertividade, ter habilidades de negociação bem desenvolvidas e ter inteligência emocional intra e interpessoal.

Neste cenário, pode-se dizer que fazer uma Estrutura Analítica de Projeto (EAP), elaborar um cronograma e fixar dezenas de *post-its* em uma parede exigem habilidades técnicas (*hard skills*) do gerente. No entanto, fazer esses materiais se transformarem em entregas de qualidade, com custos e prazos aceitáveis, com equipe motivada, exigem outro tipo de habilidades, chamadas de comportamentais ou *soft skills*.

A Figura 4 ilustra o nível de capacitação requerido (habilidades técnicas e comportamentais) dos profissionais que atuam em gerenciamento de projetos.

Figura 4

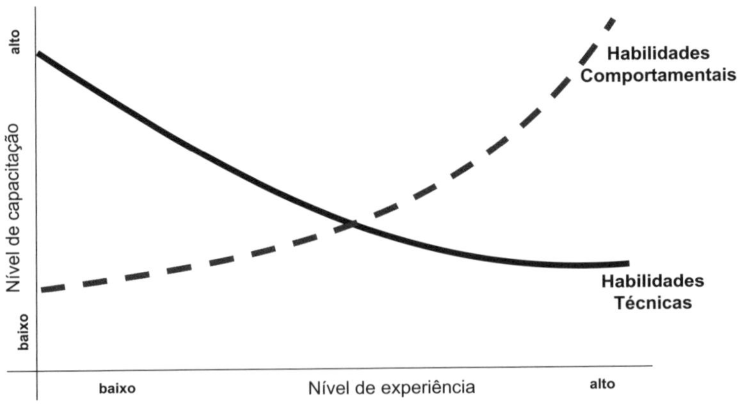

Importância das habilidades para os profissionais da área de projetos

Fonte: o autor.

Diferentemente das *hard skills*, as *soft skills* são atemporais (não se tornam obsoletas com o avanço tecnológico), são transversais (aplicáveis a qualquer área do conhecimento) e dificilmente podem ser substituídas por processos de automação.

Conceito 3 - Projetos internos e Projetos externos (vendidos a clientes)

Os projetos internos são aqueles desenvolvidos na própria organização, enquanto os projetos externos são realizados por empresas de consultoria, de Engenharia, de desenvolvimento ou implantação de aplicativos e empresas que organizam eventos para terceiros, sendo projetos "vendidos" a seus clientes. As razões mais comuns para se contratar empresas para desenvolver projetos são: elevada especialização em área específica e/ou em gerenciamento de projetos, flexibilidade e rapidez na alocação de recursos em projetos (expansão ou redução) e capilaridade geográfica do fornecedor e custos previamente conhecidos.[2]

Na Figura 5, há um comparativo entre algumas características de projetos internos e externos.

Para projetos internos, o valor é composto, sobretudo, pelos custos estimados das aquisições, despesas de viagem e das horas de trabalho de seus colaboradores. Já as empresas prestadoras de serviço, quando da venda de projetos, para a formulação do preço proposto a seus clientes, consideram todos os custos estimados do projeto, acrescidos da lucratividade para aquele projeto e impostos, conforme a Figura 6.

2 Tipos de contrato: as organizações têm buscado contratar as empresas de prestação de serviços na modalidade de Preço Fixo (*Fixed Price*) – ou seja, preço previamente pactuado para um determinado projeto –, já que minimizam seus riscos financeiros em caso de atraso no desenvolvimento do projeto. Por isso, o planejamento de custos de um projeto é fundamental para uma empresa prestadora de serviços, pois, com base nos custos, a empresa calcula uma rentabilidade (margem) e determina o preço de venda. Quando da execução do projeto, caso exceda os custos, ela terá a rentabilidade diminuída, ou até mesmo, transformada em prejuízo. Os contratos na modalidade Tempo & Materiais (*Time & Material*) – por meio dos quais os valores para pagamento são apurados com base em tempo efetivamente trabalhado e materiais utilizados – são aplicados quase que exclusivamente para contratos de alocação de mão de obra (*bodyshop*).

Figura 5

	Projetos internos	**Projetos externos (vendidos)**
Tipo de empresa	todas	prestadoras de serviço
Ambiente do projeto	interno	externo
Atendimento	usuários	clientes
Valor do projeto	custos	preço (custos + margem + impostos)

Características de projetos internos e projetos externos
Fonte: o autor.

Figura 6

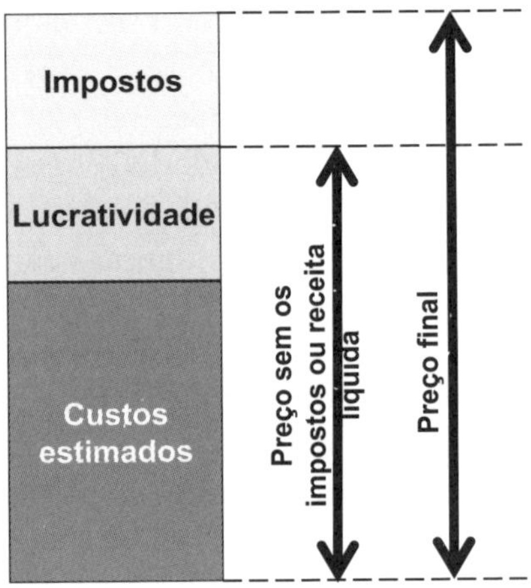

Cálculo do preço para projetos externos
Fonte: o autor.

Destaca-se que lucratividade pode ser uma **margem** (rentabilidade que se tem sobre a receita) ou um ***markup*** (rentabilidade que se tem sobre o custo). Por essa razão, tem-se fórmulas distintas:

Receita Líquida (com base em margem) = Custos Estimados / (1 - % margem)

Receita Líquida (com base em *markup*) = Custos Estimados * (1 + % *markup*)

Por exemplo, um projeto com custos estimados em $300.000,00 e com margem de 30% terá como preço sem os impostos o valor de $428.571,42, que vem de $300.000,00 / (1 – 0,30). Se o mesmo projeto fosse considerado com 30% de *markup*, o preço sem os impostos seria de $390.000,00, com origem em $300.000,00 * (1 + 0,30).

Conceito 4 - Origem dos Projetos nas Organizações

A pergunta que se ouve com frequência é "De onde nascem os projetos nas organizações?" Os projetos devem ter sua origem na estratégia da organização, visando atingir seus objetivos estratégicos. Isso propicia uma integração e sinergia entre os projetos e, por vezes, também traz uma maior dependência entre eles.

Evidentemente, surgem também projetos isolados e específicos, tendo em vista solucionar problemas ou para atender a demandas específicas da organização, seja como subproduto de uma necessidade de negócio, seja para sanar uma crise interna. Os projetos podem ter como principais objetivos para as organizações:

- desenvolver novos produtos/serviços;
- melhorar a qualidade de produtos/serviços existentes;
- aumentar a produtividade de seus profissionais;
- reduzir os tempos nos processos de negócio;
- aumentar a satisfação de clientes ou cidadãos;
- aumentar a receita;
- reduzir os custos;
- melhorar o fluxo de caixa;
- fidelizar os clientes;
- modernizar o processo produtivo;
- melhorar a imagem institucional;
- melhorar a qualidade de vida do cidadão;
- aumentar o *market share*.

Deve-se reforçar que, embora alguns projetos visem solucionar problemas pontuais nas organizações, cada vez mais os projetos deixam de ser "ilhas". Eles passam a fazer parte da estratégia, pois os objetivos organizacionais são decompostos em metas, e estas em projetos, a fim de facilitar o entendimento interno, a busca dos resultados, a distribuição de responsabilidades e, sobretudo, a gestão. Para organizações públicas, os projetos têm sua origem, em especial, nos planos de governo e em demandas sociais que se apresentam pontualmente.

Um exemplo seria de uma instituição privada de ensino superior que tenha por objetivo estratégico aumentar em pelo menos 10% o número de matrículas nos próximos três anos. Com esse intuito, definiu como estratégia a modernização do campus, com revitalização da infraestrutura e a implantação de novos métodos de ensino com intensa divulgação na mídia. Para o atingimento do objetivo de forma estruturada e organizada, poderiam ser criadas três metas distintas e essas metas decompostas em projetos, conforme a Figura 7.

Figura 7

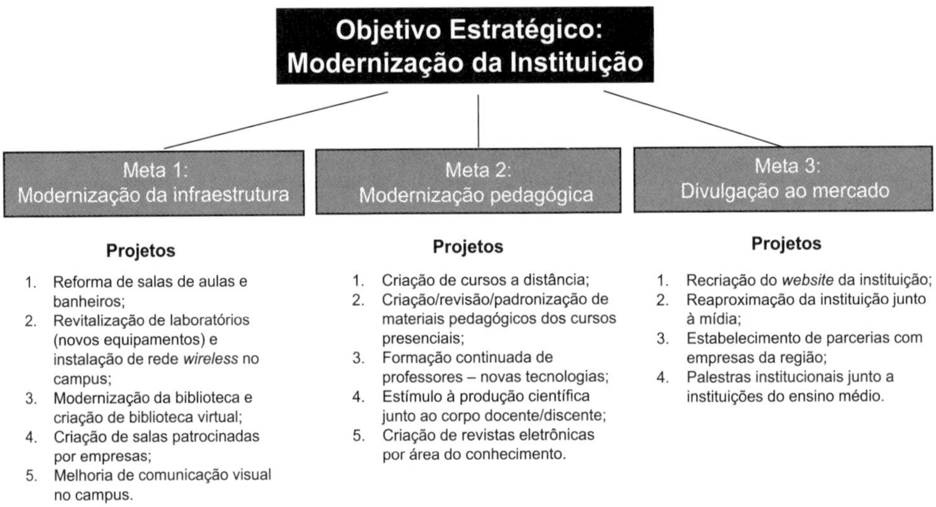

Exemplo de desdobramento de um objetivo estratégico em metas e projetos

Fonte: o autor.

Assim, quando os cinco projetos da Meta 1 forem concluídos, essa meta será considerada atingida. Quando os cinco projetos da Meta 2 forem concluídos, essa meta será considerada atingida. Idem para os quatro projetos da Meta 3. Quando as três metas forem concluídas, considera-se que o Objetivo Estratégico deverá ser alcançado – que é o crescimento no número de matrículas nos próximos três anos, a partir da modernização do campus e aproximação do mercado.

Conceito 5 - Portfólio e programa

A palavra “portfólio” tem sua origem no italiano *portifoglio* e significa *carteira*, onde se carrega dinheiro, documentos e cartões. Por isso, no linguajar de negócios, é usual considerar um portfólio como um conjunto, uma coleção. **Portfólio de projetos** é uma coleção de projetos e programas que são agrupados para facilitar o efetivo gerenciamento do trabalho, visando atingir os objetivos estratégicos da organização.

O portfólio de projetos não é necessariamente temporário, pois, à medida que projetos que compõem um determinado portfólio são concluídos, novos projetos podem ser incorporados a ele. Além disso, projetos podem ser suspensos ou mesmo descontinuados.

Programa é grupo de projetos gerenciados de maneira coordenada de forma a se obter os benefícios que não seriam possíveis se fossem gerenciados isoladamente. Por exemplo, tem-se três projetos de vacinação, sendo um para vacinar bebês e crianças, outro para vacinação de idosos e um terceiro para vacinar meninas e mulheres. Se os três projetos forem tratados como um programa com gerenciamento coordenado, pode-se obter racionalização dos recursos humanos envolvidos, melhoria nas negociações de insumos com fornecedores e otimização das campanhas de divulgação.

Conceito 6 - Escritório de Projetos (PMO)

Com o objetivo de se ter uma estrutura específica e centralizada para a área de gerenciamento de projetos, surgiu nas organizações um órgão ou uma entidade organizacional atribuída de várias responsabilidades relacionadas à gestão de projetos sob seu domínio, o Project Management Office (PMO) ou, em tradução livre, Escritório de Projetos.

As responsabilidades de um PMO variam de organização para organização, pois enquanto em algumas o PMO funciona exclusivamente como uma área de suporte ao Gerenciamento de Projetos, em outras, atua como órgão de execução de projetos.

Há organizações em que o PMO é um centro de excelência, apoiando a direção na elaboração da estratégia, seleção de projetos e formação de portfólios, visando potencializar a geração de valor através da execução de portfólios e projetos. Por isso, é chamado de Value Management Office (VMO).

Pode-se destacar sete principais funções de um PMO, conforme a Figura 8.

1. **Metodologias e ferramentas** – identificar e desenvolver metodologias e padrões na área de Gerenciamento de Projetos: ferramentas, políticas, procedimentos, formulários e documentações compartilhadas.
2. **Indicadores** – definir os indicadores de gestão em várias dimensões, acompanhando os resultados parciais e finais dos projetos, consolidando-os e reportando à alta administração.

3. **Capacitação e suporte** – dar apoio técnico aos gerentes de projetos e suas equipes, desenvolvendo suas competências através de treinamentos específicos.
4. **Governança** – monitorar, controlar, auditar e garantir a aplicação de políticas, uso de ferramentas, procedimentos e formulários definidos como padrões na organização.
5. **Recursos Humanos** – gerenciar os recursos, compartilhando-os por todos os projetos gerenciados pelo PMO, incluindo o desenvolvimento dos profissionais por meio de mentoria, orientação de carreira e treinamentos.[3]
6. **Boas práticas e lições aprendidas** – identificar e capturar interna e externamente as boas práticas (*Best Practices*) e lições aprendidas (*Lessons Learned*) em gerenciamento de projetos, efetuando o devido tratamento para incorporar ao conhecimento da organização, divulgando-o.
7. **Comunicação** – coordenar, estimular e controlar a comunicação entre os projetos para obter sinergia e benefícios de gestão.

Figura 8

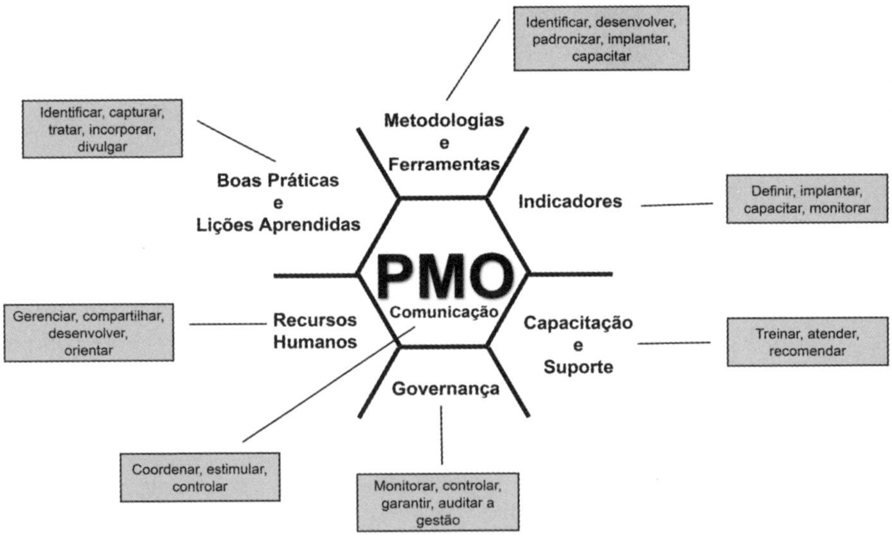

Principais funções de um PMO
Fonte: o autor.

[3] Contratação de profissionais: em algumas organizações, o PMO é responsável pela seleção e contratação de profissionais que atuarão na área de projetos, por meio de avaliação curricular, aplicação de testes específicos de conhecimento da área e realização de entrevistas técnicas.

Pool de recursos

Algumas empresas, com estrutura projetizada – sobretudo as empresas de consultoria – têm um *pool* de consultores e especialistas composto pelos profissionais que atuam no ambiente de multiprojetos. Em alguns casos, este *pool* se reporta diretamente ao PMO, pois esses profissionais não têm vínculo hierárquico com os gerentes de projetos, mas sim com o gerente de recursos (*Resource Manager*), que é responsável pelas alocações dos profissionais em projetos, buscando otimizações em função das habilidades e competências dos profissionais e das necessidades dos projetos.[4 e 5]

Conceito 7 - Patrocinador e partes interessadas

Todo projeto possui patrocinador (*sponsor*) e partes interessadas (*stakeholders*). O patrocinador é a pessoa ou o grupo de pessoas que "compram" o projeto buscando sua viabilização – seja em termos financeiros, seja em termos políticos (poder e autoridade para suportar o projeto na organização). O patrocinador é "o padrinho" do projeto, "o dono", que em última instância é o responsável pelo mesmo. Grosso modo, pode-se dizer que é aquele que "cobra" o gerente de projetos pelo progresso e resultados do projeto, mas, em contrapartida, é aquele que o apoia, que viabiliza os recursos.

Os interessados (*stakeholders*) são os participantes e envolvidos no projeto (pessoas e organizações) que, de forma direta ou indireta, podem exercer alguma influência sobre o projeto e suas entregas. São também aqueles

4 Estrutura projetizada: este tipo de modelo se contrapõe à tradicional estrutura departamentalizada (funcional). Nela, o gerente do departamento é o responsável pelo orçamento do projeto; os recursos são oriundos do próprio departamento e as decisões são realizadas por este gerente, ficando o gerente de projetos com baixa autoridade e autonomia. Na estrutura projetizada, os recursos se tornam disponíveis para os projetos e os gerentes de projetos têm independência e autoridade sobre as decisões em um projeto, sendo responsáveis pelo orçamento. Há estruturas intermediárias entre a departamentalizada e projetizada que são chamadas de "estruturas matriciais", podendo ser qualificadas como fraca, média e forte, à medida que se aproximam da estrutura projetizada.

5 Gerente de recursos ou *resource manager*: cinco outras responsabilidades desse profissional são da área de desenvolvimento e avaliação dos profissionais que compõem o *pool* de recursos: (i) manter o mapa de recursos atualizado, contendo competências, calendário de disponibilidade e cargo (que define o custo); (ii) definir plano de treinamento individualizado; (iii) realizar mentorias; (iv) orientar o encarreiramento dos profissionais, de acordo com suas habilidades, competências e áreas de interesses; e (v) solicitar *feedbacks* aos gerentes de projetos acerca da atuação dos profissionais em projetos, consolidando periodicamente as avaliações recebidas.

cujos interesses podem ser positiva ou negativamente afetados pela execução ou encerramento do projeto. Pode-se ter partes interessadas qualificadas em cinco categorias:

- as "vendedoras do projeto" (que apoiam incondicionalmente);
- as favoráveis ao projeto;
- as desfavoráveis ao projeto;
- as neutras (indiferentes);
- as inconscientes, que são aquelas que ainda nem sabem do projeto.

Por isso, a gestão das partes envolvidas é relevante para o sucesso de um projeto. Exemplos de partes interessadas em um projeto incluem: patrocinador, gerente de projetos, equipe do projeto, cliente, usuários, fornecedores, órgãos regulatórios e governamentais, por vezes, mídia e a sociedade como um todo.

Conceito 8 - Estrutura organizacional de um projeto: organograma

Todo projeto tem um organograma específico – estrutura hierárquica – que é composta pelo patrocinador, gerente de projetos e equipe. Na Figura 9, pode-se notar que sob o comando do gerente de projetos há coordenadores (*team leaders*). Estes podem ser responsáveis por uma área específica do projeto, como por exemplo: coordenador de comunicação, coordenador de requisitos, coordenador de riscos, coordenador de validação e testes de qualidade. É evidente que para projetos de baixa complexidade os coordenadores tornam-se opcionais na estrutura do projeto.

O Comitê Executivo é quem tem autonomia para a tomada de decisões durante o ciclo de vida de um projeto. Essas decisões impactam diretamente o direcionamento do projeto, como alteração nas especificações, nos prazos e nos custos. Cada organização tem seus critérios para formação do Comitê Executivo de um projeto, que pode ser composto por integrantes da alta administração, patrocinador do projeto, gerente do PMO e gerente de projetos.

Quando se divulga o organograma de um projeto na organização, deve-se ter cuidado com a apresentação do patrocinador, evitando colocar somente seu nome. Recomenda-se que se coloque o cargo e o nome, pois isso torna o projeto mais institucional e menos pessoal. Ademais, em caso de saída ou substituição do profissional, o projeto permanecerá "apadrinhado" pelo novo profissional designado para o cargo, conforme a Figura 10.

Figura 9

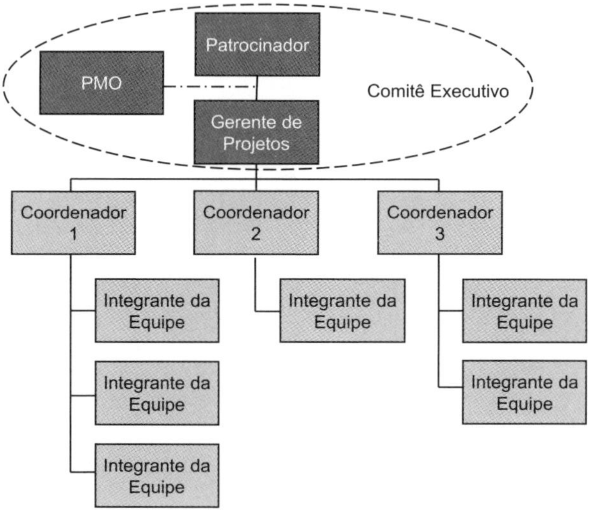

Exemplo de organograma de projeto
Fonte: o autor.

Figura 10

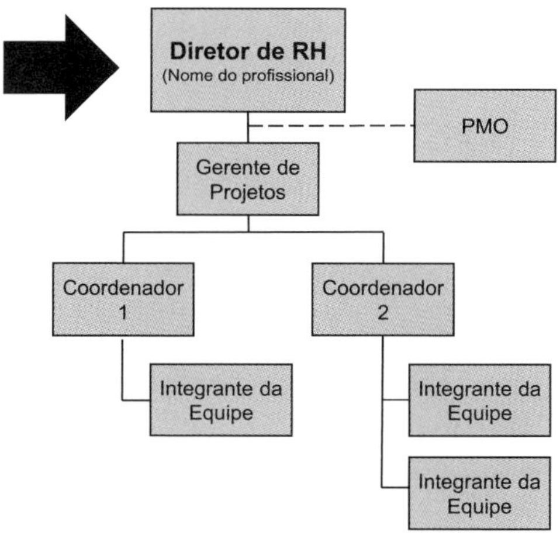

Exemplo de apresentação do patrocinador no organograma de projeto
Fonte: o autor.

A estrutura organizacional para projetos externos – aqueles que são executados por empresas prestadoras de serviços – deve ser espelhada, a fim de facilitar os processos de comunicação, os decisórios ou de escalonamento, conforme a Figura 11.

Figura 11

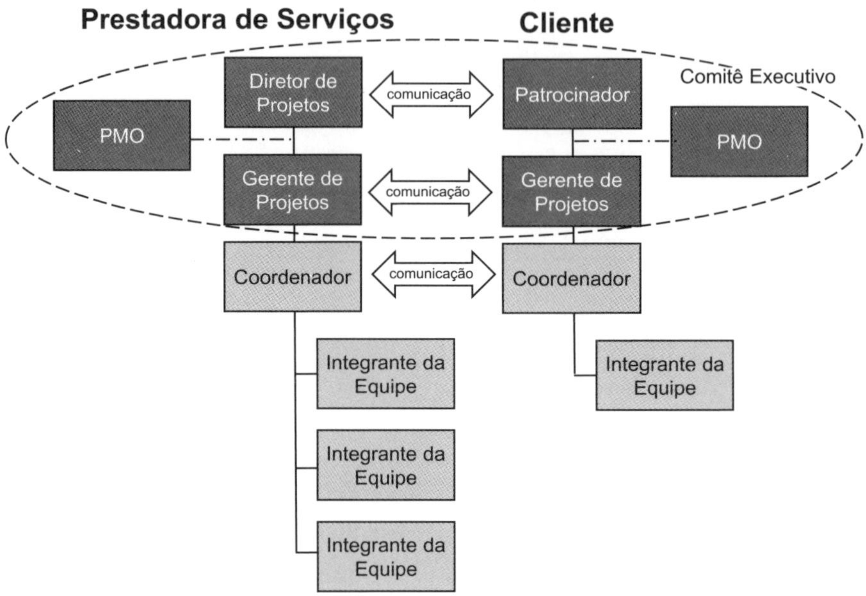

Estrutura recomendada para projetos externos (vendidos a clientes)
Fonte: o autor.

Assim, o patrocinador do cliente passa a ter como correspondente o diretor de projetos da empresa prestadora de serviços. O gerente de projetos do cliente tem seu par na prestadora de serviços. Finalmente, a equipe de projeto poderá contar com profissionais do cliente, da prestadora de serviços ou de ambas. Esse alinhamento em níveis – na prestadora de serviços e no cliente – torna-se um facilitador na comunicação e tomada de decisão.

Conceito 9 - Metodologias

Metodologia é um conjunto lógico e sistematizado de processos, práticas, técnicas, procedimentos, governança, modelos e regras utilizado no Gerenciamento de Projetos. No mercado, estão difundidas as metodologias Preditiva – que, por vezes, é chamada de tradicional ou cascata –, Adaptativa ou Ágil, Híbrida, Lean, Prince2, dentre outras.

Alguns equívocos também são observados quando se ouve falar em "Metodologia PMI" ou "Metodologia PMBOK", visto que PMI é um instituto da área (Project Management Institute) e Guia PMBOK é uma publicação de boas práticas publicadas pelo PMI e não uma metodologia: Project Management Body of Knowledge (Corpo de Conhecimento de Gerenciamento de Projetos).

A metodologia a ser desenvolvida ou utilizada por uma organização dependerá do segmento que atua, de seus tipos de projetos, da sua equipe, de aspectos culturais e outras variáveis. Além disso, não há impeditivo que uma mesma organização utilize diferentes metodologias na gestão de seus projetos.

A metodologia **preditiva** – também chamada de "cascata" – é utilizada quando os requisitos do projeto podem ser definidos, coletados e analisados, caracterizando um escopo relativamente estável. Isso possibilita a elaboração de um cronograma, a identificação de recursos, a identificação e avaliação de riscos e o cálculo de estimativa de custos com bom nível de precisão. Como exemplos, tem-se a construção de um gasoduto, a reforma de uma filial de uma empresa e a realização de uma competição esportiva. Evidentemente, no método preditivo deve haver um "controle de mudanças" para as alterações de escopo no projeto. É um método bastante utilizado pelas empresas prestadoras de serviços quando atuam em clientes com contratos na modalidade Preço Fixo (*Fixed Price*).

A metodologia **adaptativa** ou ágil é utilizada quando há alto grau de incerteza e volatidade dos requisitos do projeto, com significativas mudanças durante a vida dele. Neste método, estabelece-se um objetivo no início do projeto – quando os requisitos são coletados –, porém o detalhamento ocorre com base no *feedback* dos usuários ou em função da ocorrência de eventos inesperados. O que caracteriza este método é a flexibilidade e adaptabilidade. A abordagem adaptativa utiliza-se de interações colaborativas dos envolvidos no projeto, de modo a obter os resultados do projeto de forma incremental e evolutiva, por meio de ciclos curtos. Como exemplo, tem-se o desenvolvimento de aplicativos e sistemas de informação e a criação de novos produtos com prototipação utilizando Design Thinking.[6]

[6] Design Thinking: é um método iterativo que utiliza o pensamento criativo e crítico para gerar soluções tecnologicamente confiáveis de forma a atender necessidades de clientes. É constituída de três processos: inspiração (identificação do problema e de potenciais soluções), ideação (ideias e conceitos são transformados em protótipos por equipes multidisciplinares) e implementação (desenvolvimento e entrada no mercado).

Os métodos **híbridos** combinam características metodológicas preditivas e ágeis, ou seja, há um planejamento inicial do projeto, mas há flexibilidade na gestão para adaptar os requisitos e demandas com base nos resultados parciais obtidos. Esses métodos são também chamados de "cascata adaptativa".

Pela Figura 12, pode-se identificar qual seria a metodologia mais adequada em função de algumas características do projeto. Por exemplo, quanto maior estabilidade dos requisitos, mais próximo da Preditiva; quanto maior nível de iteratividade (ciclo de repetições) e mais incremental, maior proximidade com a Adaptativa.

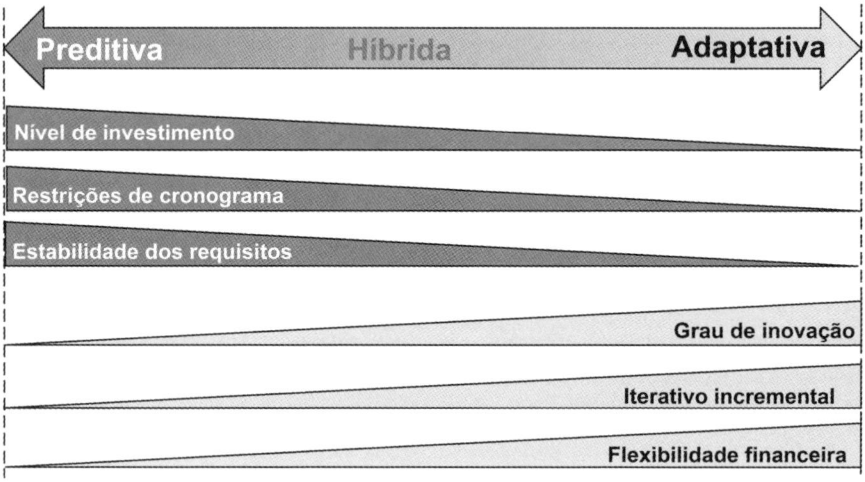

Figura 12

Proximidade às metodologias em função de características do projeto

Fonte: o autor.

Destaca-se que não somente o segmento de atuação da organização e as características do projeto devem ser os norteadores da escolha da metodologia, mas também o devem ser a estrutura e cultura organizacional, a capacidade organizacional, o tamanho e a localização da equipe. Por exemplo, tendem a utilizar métodos preditivos organizações com muitos níveis e rigidez hierárquica, grandes equipes de projeto e com atuação remota. Em contrapartida, organizações que estimulam o autogerenciamento, equipes menores compartilhando o mesmo espaço físico e cultura organizacional com estrutura de subordinação fluida e colaborativa tendem a utilizar métodos adaptativos.

Conceito 10 - Principais institutos e publicações

Os institutos de gestão de projetos, sobretudo o Project Management Institute (PMI) e o International Project Management Association (IPMA), têm crescido de forma significativa em termos de publicações, certificações, números de associados e divulgação de boas práticas.

O Project Management Institute (PMI) foi criado em 1969 nos EUA, com o objetivo de profissionalizar a área de Gerenciamento de Projetos, divulgando padrões e boas práticas com base no conhecimento existente, estabelecendo também um código de conduta ética, além de credenciar profissionais e instituições de ensino. Tem sua sede na Filadélfia, nos EUA, possuindo presença mundial com associados e profissionais certificados em mais de duzentos países, com mais de trezentos escritórios (*chapters*) em cerca de oitenta países, dos quais quinze estão situados no Brasil.[7]

As cinco certificações mais importantes do PMI são: Project Management Professional (PMP), Certified Associate in Project Management (CAPM), Program Management Professional (PgMP), PMI Agile Certified Practicioner (PMI-ACP) e PMI Risk Management Professional (PMI-RMP) – que representam, respectivamente, Profissional em Gerenciamento de Projetos, Associado Certificado em Gerenciamento de Projetos, Profissional em Gerenciamento de Programas, Praticante Certificado em Metodologias Ágeis e Profissional em Gerenciamento de Riscos.

O Project Management Body of Knowledge (PMBOK Guide), cuja tradução literal seria "Corpo de Conhecimento em Gerenciamento de Projetos", pode ser entendido como sendo o conjunto de diretrizes, processos e práticas da área de gestão de projetos, que se tornou um "padrão de fato" utilizado a nível mundial pelos profissionais da área.

A história do Guia PMBOK é concomitante com a criação do PMI, iniciada em 1968 através de um grupo formado por J. Gordon Davis, Edward A. Engman, Eric Jennett e James R. Snyder, que estiveram comprometidos e dedicados em melhorar e desenvolver a disciplina de Gerenciamento de Projetos. Posteriormente, Susan C. Gallagher se juntou ao grupo original. O PMI foi oficialmente fundado em 1969.

7 *Chapters* do PMI no Brasil: o primeiro capítulo (*chapter*) brasileiro foi fundado em São Paulo, em 1998. Seguiram, em 1999, Minas Gerais e Rio de Janeiro. Em 2001, foram fundados os *chapters* em Brasília, Paraná e Rio Grande do Sul; em 2003, na Amazônia, Bahia, Santa Catarina e Pernambuco. Espírito Santo, Ceará e Goiás surgiram em 2005. Em 2012, Sergipe e, finalmente, em 2020, Paraíba.

Em 1976, no Congresso do PMI em Montreal, no Canadá, surgiu a ideia de que as práticas em Gerenciamento de Projetos deveriam ser documentadas. Em 1981, a diretoria do PMI aprovou um projeto para desenvolver procedimentos e conceitos na área, através de três frentes de trabalho:

» prática profissional (ética);
» estrutura de conhecimento (padrões);
» reconhecimento profissional (instituições de ensino e certificações individuais).

Assim, o código de conduta ética em Gerenciamento de Projetos foi criado em 1983, bem como o embrião do PMBOK (padrões para seis áreas de conhecimento: gerenciamento de escopo, de custo, de tempo, da qualidade, dos recursos humanos e da comunicação). A certificação Project Management Professional (PMP) foi criada em 1984.

Em 1986, foi lançada uma versão revisada dos padrões do PMI que incluiu o gerenciamento de riscos e de aquisições. Em 1987, o PMI publicou oficialmente o Guia PMBOK, documento inovador que auxiliava gerentes de projetos e profissionais da área, com métodos, padrões e conceitos.

As versões que seguiram: 2000 (2ª edição), 2004 (3ª edição), 2008 (4ª edição) com a inclusão da nona disciplina "Gerenciamento da Integração", 2013 (5ª edição) com a inclusão da décima disciplina "Gerenciamento das Partes Interessadas", 2017 (6ª edição) e 2021 (7ª edição). Elas trouxeram implementações de conteúdo, novos conceitos, revisões de abordagens, melhorias e correções. Assim, o PMBOK é um instrumento vivo que a cada nova versão é atualizado, incorporando conceitos, processos, técnicas e ferramentas. Por exemplo, na 7ª edição, abandonou-se a abordagem por "processos" e passou para "princípios e domínios". Todavia, em 2022, o PMI recuperou o conhecimento disseminado dos grupos de processos, dos processos e das disciplinas, lançando o Process Guide.

Sendo assim, o Guia PMBOK é o resultado de décadas de experiências, vivências e pesquisas de especialistas em Gerenciamento de Projetos, tornando-se em um livro amplo, abrangente e multi-idiomas, utilizado em nível mundial. Contudo, ele nem sempre é de fácil utilização para iniciantes na área, ou para aqueles que têm expectativas de encontrar formulários, modelos, regras e exemplos.

O International Project Management Association (IPMA) originou-se em 1965, em um fórum da área de Gerenciamento de Projetos realizado em Viena, na Áustria, e foi oficialmente fundado em Utrecht, na Holanda.

Atualmente, tem sua sede em Zurique, na Suíça. O IPMA é uma corporação que reúne associações nacionais de Gerenciamento de Projetos de mais de setenta países, sendo que a associação brasileira que faz parte do IPMA é o IPMA Brasil.

Há quatro níveis distintos de certificação em Gerenciamento de Projetos pelo IPMA: associado (nível D), pleno (nível C), sênior (nível B) e diretor de projetos (nível A). As certificações do IPMA são baseadas em exames, entrevistas e comprovação documentacional de vivência prática na área.

As certificações do IPMA se baseiam nas competências técnicas, contextuais e comportamentais tendo como guia o IPMA Competence Baseline (ICB), cuja primeira versão foi lançada em 1995, a segunda em 2001, a terceira em 2006 e a quarta em 2015, quando integrou competências relacionadas à sustentabilidade, ética e responsabilidade social. São 29 elementos de competência distribuídos em 3 áreas: pessoas (competências pessoais e interpessoais necessárias para liderar ou participar de projetos, programas e portfólios), práticas (métodos, ferramentas e técnicas para a gestão exitosa de projetos, programas e portfólios) e perspectivas (competências contextuais que devem ser usadas no ambiente de projetos).

PASSO 1

1

Definição Preliminar do Projeto

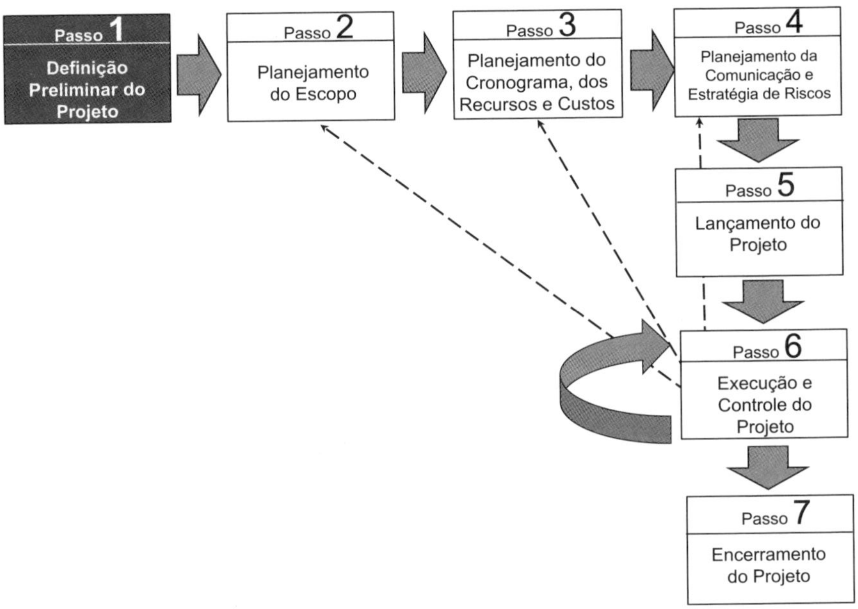

É neste passo que é realizada a definição preliminar de um projeto por meio da elaboração de um documento chamado Termo de Abertura de Projeto (TAP) ou outro, chamado Canvas. Aqui deve ocorrer a Análise de Atratividade e/ou Estudo de Viabilidade que, após a aprovação na organização, fica autorizada a continuidade do projeto, com seguimento para o desenvolvimento do planejamento detalhado.

1.1 TAP: o documento inicial de um potencial projeto

As iniciativas de uma organização devem ter uma breve especificação para que possa ser avaliada e aprovada pela alta direção. Essa especificação deve ser objetiva e padronizada, possibilitando que análises comparativas entre as iniciativas possam ser efetuadas, tendo os resultados como apoio à tomada de decisão. Ademais, esse conteúdo sucinto deve ser completo em termos de informações primárias do projeto ou do potencial projeto.

Algumas organizações utilizam o Termo de Abertura de Projeto (TAP), que também é chamado de *Project Charter*, amplamente difundido por meio do Guia PMBOK do PMI. Esse documento tem sido adaptado nas organizações, a fim de atender suas particularidades. O TAP será a base para o detalhamento do projeto, uma vez que as informações contidas no documento estão ainda em alto nível.

Esse documento, quando aprovado, autoriza a existência do projeto na organização e empossa o gerente de projetos com autoridade para alocar os recursos de forma a realizar as atividades para a geração dos planos do projeto – incluindo, dentre outras ações, o detalhamento do escopo, a elaboração do cronograma, o refinamento das estimativas de custos e a avaliação de riscos.

A seguir, há um exemplo dos itens que compõem um Termo de Abertura de Projeto (TAP):

- título do projeto;
- patrocinador;
- justificativa do projeto (problemas atuais);
- objetivo geral e objetivos específicos (metas intermediárias);
- benefícios;
- breve descrição do projeto;
- interessados no projeto (*stakeholders*);
- premissas;
- restrições;
- estimativa de investimentos;
- estimativa de prazo;
- fatores críticos de sucesso (FCS);
- principais riscos e oportunidades;
- macro-cronograma;
- gerente de projetos (se já definido).

O TAP é elaborado pelo patrocinador do projeto, com apoio do Escritório de Projetos (PMO) ou de profissionais especializados em projetos. Tão logo seja aprovado, esse documento servirá de base para uma definição detalhada dos requisitos, refinando os dados prévios – sobretudo as estimativas de prazo e de investimentos. Na Figura 13, há um breve explicativo de cada elemento do TAP.[1]

No TAP, podem ser incluídos outros itens relevantes para o projeto, como critérios de aceite, medições de resultados (como e quando serão realizadas), metodologia a ser utilizada e indicadores de avaliação de progresso do projeto.

1.2 Canvas: a evolução do TAP

A palavra *canva* vem do inglês e significa "tela de pintura, lona". Em 2011, Alexander Osterwalder e Yves Pigneur lançaram o livro *Business Model Generation: Inovação em Modelos de Negócios*, em que apresentam de forma revolucionária um modelo para elaboração de um pré-plano de negócios. Por meio de nove células dispostas em uma única página, torna-se possível ter uma visão dos principais aspectos de um novo negócio.

A Figura 14 apresenta o modelo visual desenvolvido pelos autores que permite a construção colaborativa quando o Canvas fica em um painel ou em uma parede, permitindo a utilização de *post-its*. Esse processo pode também ser totalmente eletrônico. A numeração das células auxilia no sequenciamento dos itens abordados.

Essa abordagem por meio de Canvas, trouxe significativas contribuições em diversas áreas, inclusive na área de Gerenciamento de Projetos. Uma das maiores contribuições foi o Project Model Canvas, desenvolvido pelo Prof. José Finocchio Jr. e apresentado em seu livro *Project Model Canvas: gerenciamento de projetos sem burocracia* (2013).[2]

1 Projetos externos: para uma empresa prestadora de serviços, o Termo de Abertura de Projeto (*Project Charter*) identifica apenas uma oportunidade junto a um determinado cliente ou potencial cliente (*prospect*). Com base nesse documento, a empresa deverá desenvolver todo o planejamento do projeto para que se tenha um detalhamento mínimo, por meio do qual se consiga apresentar uma proposta segura para as duas partes – cliente e empresa prestadora de serviços. Assim, para projetos externos, recomenda-se que no TAP conste o gerente de proposta (*Proposal Manager*) em vez do gerente de projetos.

2 Canvas: há o *Business Model You*, de Tim Clark (2013) para a área de gestão de carreira. Há também a ferramenta *Agile Risk Canvas*, de autoria de Helio R. Costa e Gino Terentim Jr., e o *Canvas para criação de indicadores*, publicado na 2ª edição da obra *Indicadores de Gerenciamento de Projetos* (2025), do mesmo autor deste livro.

Figura 13

Termo de Abertura de Projeto (TAP)	
Item	**Descrição**
Título do projeto	Atribuir um título ao projeto de forma sucinta, que em poucas palavras explicite o projeto, fornecendo um entendimento básico da proposta.
Patrocinador (*sponsor*)	Informar quem apoia financeira e politicamente (poder) a realização do projeto da organização.
Justificativa do projeto	Apresentar a situação atual e os problemas, a fim de sensibilizar o(s) aprovador(es) da necessidade de execução do projeto.
Objetivo geral e objetivos específicos	Apresentar o objetivo geral esperado pelo projeto e os objetivos específicos (metas parciais), se houver.
Benefícios	Apresentar a justificativa que dá sustentação ao projeto, que pode ser de curto ou médio prazos. Sempre que possível, deve-se apresentar benefícios quantificáveis na linha do tempo. Devem ser citados também os benefícios intangíveis.
Breve descrição do projeto	Apresentar um breve descritivo do que é o projeto.
Interessados no projeto (*stakeholders*)	Mencionar quem são os envolvidos no projeto, como: clientes, usuários, parceiros de negócio, fornecedores, mídia, governo etc.
Premissas	Apresentar as premissas do projeto, ou seja, o que será assumido como "verdadeiro" para o planejamento do projeto.
Restrições	Apresentar as eventuais restrições financeiras, de prazos, de recursos humanos (especializações e/ou quantidade), logísticas e materiais.
Estimativa de investimentos	Apresentar a estimativa de investimentos, mesmo que com baixo nível de precisão. Recomenda-se apresentar três ou quatro grupos principais, totalizando-os.
Estimativa de prazo	Apresentar a estimativa de prazo, por exemplo, em meses.
Fatores críticos de sucesso (FCS)	Esclarecer quais são os fatores imprescindíveis para que o projeto tenha sucesso, podendo englobar recursos financeiros, de conhecimento, dentre outros.
Principais riscos e oportunidades	Mencionar quais são as principais ameaças (riscos) que podem impactar negativamente o projeto e as oportunidades que podem impactar positivamente.
Macro-cronograma	Apresentar as entregas e quando está estimada cada uma. Não apresentar datas, pois o início de um projeto pode retardar por razões diversas. Utilizar numeração sequencial, por exemplo: Quinzena 7, Quinzena 9 etc. A identificação das datas é atribuída a partir do início do projeto.
Gerente de Projetos	Registrar o nome do profissional, se já definido.

Exemplo de composição de um TAP

Fonte: o autor.

Por meio de treze células divididas em cinco grupos, o "Canvas de Projeto" – como ficou conhecido no mercado – possibilita criar um documento similar ao TAP em uma única página, visualmente facilitado e que pode ser elaborado de forma colaborativa. O conceito de "página única" exige do elaborador uma boa capacidade de síntese. A contribuição do prof. Finocchio foi estabelecer um "padrão de fato" para o mercado. Na Figura 15, há uma versão adaptada para este livro, com grupo e células numeradas para facilitar a compreensão e a sequência na utilização.

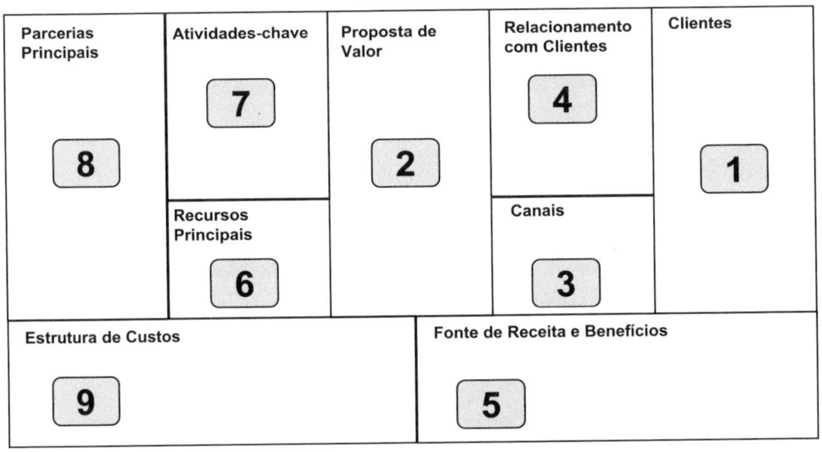

Figura 14

Canvas para apoio na elaboração de planos de negócios

Fonte: adaptado de Osterwalder e Pigneur (2011).

Como se pode notar pela Figura 15, o conteúdo é similar ao do TAP, exceto que se trata de uma apresentação mais visual, didática e concisa. Há organizações que colocam no cabeçalho de cada célula da planilha eletrônica um descritivo de apoio (*help*) para auxiliar no esclarecimento de dúvidas de quem está preenchendo. Na Figura 16, há um exemplo do Canvas preenchido, considerando um projeto de uma Associação Industrial para participar de uma feira internacional em Milão, em uma Exposição de Empresas Brasileiras Fabricantes de Equipamentos de Aquecimento e Ar-condicionado.

Figura 15

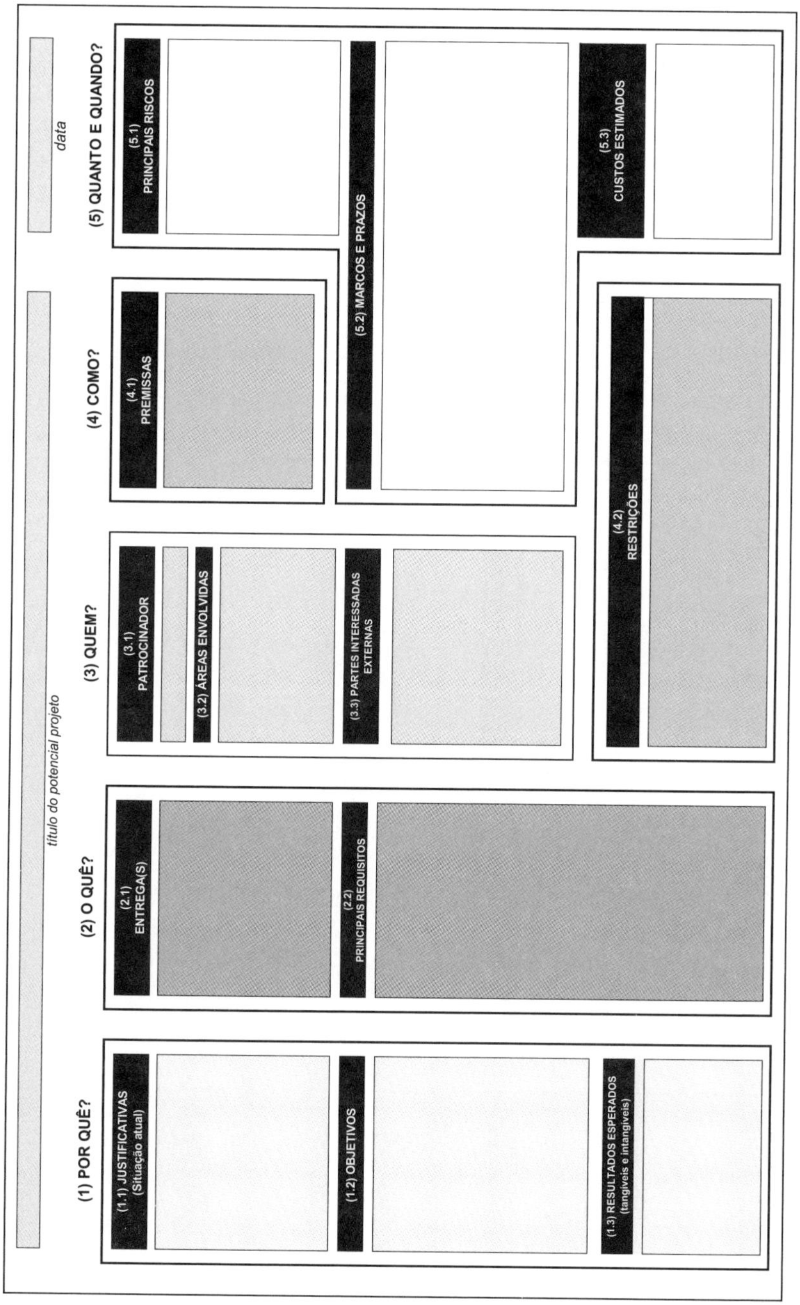

Canvas de projetos

Fonte: adaptado de Finocchio Jr. (2013).

Exposição de Empresas Brasileiras Fabricantes de Equipamentos de Aquecimento e Ar-condicionado em Feira Internacional em Milão

título do potencial projeto

data

(1) POR QUÊ?

(1.1) JUSTIFICATIVAS (Situação atual)

A participação de empresas brasileiras no mercado da União Europeia (cerca de 30 países) é inferior a 0,5%, ou seja, insignificante. O potencial desse mercado é praticamente 7 vezes superior ao do Mercosul (base PIB).

(1.2) OBJETIVOS

Divulgar os produtos brasileiros na área, identificando potenciais compradores da União Europeia, com realização de alguns negócios iniciais.

(1.3) RESULTADOS ESPERADOS (tangíveis e intangíveis)

Realizar negócios de pelo menos 2 milhões de euros, estabelecer aproximação entre empresas brasileiras e da União Europeia, além de melhorar a imagem dos produtos brasileiros nesse segmento.

(2) O QUÊ?

(2.1) ENTREGA(S)

1) Estande montado com as cores da bandeira brasileira e equipamentos de demonstração instalados.

2) Realização de pelo menos uma rodada de negócios por dia.

(2.2) PRINCIPAIS REQUISITOS

1) Estande de 120 m^2.

2) Projeto visual com motivos e cores brasileiras.

3) Catálogos em inglês, espanhol, italiano, francês e português.

4) Rodadas de negócio (pelo menos uma por dia) com participação de pelo menos três compradores europeus.

5) Manual informativo aos expositores com data, local, dimensões disponíveis no estande por empresa e infraestrutura na cidade, incluindo turismo.

(3) QUEM?

(3.1) PATROCINADOR

Presidente da Associação (Nome do profissional)

(3.2) ÁREAS ENVOLVIDAS

Comercial, Financeiro, Marketing e Relações Internacionais da Associação.

(3.3) PARTES INTERESSADAS EXTERNAS

Expositores, fornecedores (identidade visual, montagem, serviços de *catering*), prefeitura de Milão, governo brasileiro e governo dos países que integram a União Europeia.

(4) COMO?

(4.1) PREMISSAS

1) Não haverá intercorrência política que impeça a realização da feira.

2) Não haverá barreira alguma que impeça a entrada dos produtos que serão expostos.

(4.2) RESTRIÇÕES

1) Início da feira prevista para o período de 10 a 14 de janeiro.

2) Custo total do estande (aluguel, decoração, *catering*, montagem e desmontagem) não pode ultrapassar € 90 mil.

(5) QUANTO E QUANDO?

(5.1) PRINCIPAIS RISCOS

Dificuldades de locomoção em função do clima (inverno).

Problemas de desembaraço aduaneiro de equipamentos.

(Oportunidade) Sucesso nesta feira pode propiciar participação na Expocomfort Asia.

(5.2) MARCOS E PRAZOS

Semana 01 - Mobilização inicial
Semana 02 - Identificação de expositores
Semana 05 - Negociação e reserva de estande concluídas
Semana 06 - Elaboração de manual e divulgação aos expositores
Semana 10 - Despacho de equipamentos
Semana 12 - Montagem do estande
Semana 13 - Realização da feira
Semana 14 - Avaliação dos resultados
Semana 15 - Divulgação de resultados

(5.3) CUSTOS ESTIMADOS

- Estande (€ 90 mil)
- Frete de equipamentos (€ 20 mil)
- Divulgação (€ 30 mil)
- Viagens e hospedagens dos repr. Associação (€ 20 mil)

TOTAL = € 160 mil

Figura 16 Canvas de projetos

Fonte: adaptado de Finocchio Jr. (2013).

1.3 Seleção de projetos: viabilidade financeira

Algumas organizações optam por selecionar projetos por meio de um conjunto de indicadores financeiros, como Valor Presente Líquido (VPL), Taxa Interna de Retorno (TIR) e *Return on Investment* (ROI) ou Taxa de Retorno.

Um projeto hipotético com visibilidade de seis anos tem – conforme a Figura 17 – um demonstrativo de saídas e entradas por período, em milhares de unidades monetárias.

Figura 17

	Data 0	Ano 1	Ano 2	Ano 3	Ano 4	Ano 5	Ano 6	Total
Saídas (investimentos)	-1.000	-600	-600	-400	-400	0	0	-3.000
Entradas (retorno)	0	0	0	1.200	1.200	2.000	2.000	6.400
Valor no período	-1.000	-600	-600	800	800	2.000	2.000	3.400

Demonstrativo de entradas e saídas
Fonte: o autor.

1.3.1 Valor Presente Líquido (VPL)

É uma ferramenta financeira utilizada para trazer todas as saídas e entradas estimadas de um projeto para a data atual, considerando uma determinada taxa de juros. Com isso, pode-se determinar a atratividade financeira de um projeto. É importante notar que, como se trata de um fluxo de caixa, as saídas devem ter o sinal negativo.

Deve-se trazer os saldos para a data atual, ou seja, data "0".

Assim, considerando-se uma taxa de 15% ao ano, então o saldo do Ano 1 deve ser dividido por 1,15 (decorre de 1 + 0,15 da taxa); o saldo do Ano 2 por $(1,15)^2$ – pois são dois períodos até a data atual; o Ano 3 por $(1,15)^3$, e assim sucessivamente. Na Figura 18, encontram-se os valores obtidos.

Dessa forma, o VPL deste projeto é $866.998,91, ou seja, a rentabilidade ao final de seis anos trazida para valor presente. Esse cálculo pode ser efetuado por meio da Função VPL no MS-Excel, quando se introduz a taxa de juros e os valores nominais dos períodos (exceto os valores do período "0"). Do valor obtido na função VPL, deve-se deduzir ou acrescentar o valor do período "0".

Figura 18

Período	Valor Original	Valor na Data "0"	Cálculo
Data 0	-1.000.000,00	-1.000.000,00	Não há
Ano 1	-600.000,00	-521.739,13	Valor do Ano 1 / (1,15)
Ano 2	-600.000,00	-453.686,20	Valor do Ano 2 / $(1,15)^2$
Ano 3	800.000,00	526.012,98	Valor do Ano 3 / $(1,15)^3$
Ano 4	800.000,00	457.402,60	Valor do Ano 4 / $(1,15)^4$
Ano 5	2.000.000,00	994.353,47	Valor do Ano 5 / $(1,15)^5$
Ano 6	2.000.000,00	864.655,19	Valor do Ano 6 / $(1,15)^6$
Total		866.998,91	

VPL do projeto hipotético
Fonte: o autor.

1.3.2 Taxa Interna de Retorno (TIR)

É uma taxa de desconto hipotética aplicada a um fluxo de caixa que faz com que a soma das saídas, trazidas ao valor presente, seja igual à soma das entradas, também trazidas ao valor presente. Considerando-se uma taxa de juros – por exemplo Selic –, pode-se determinar a atratividade financeira do projeto, sobretudo se a TIR obtida for superior a essa taxa de juros. Deve ser levado em conta também o setor e o nível de risco, pois, em casos de setores mais arriscados, a TIR deve ser ainda maior que a taxa de juros em 5% ou 10%.[3]

No MS-Excel, há a função TIR, quando se introduz os saldos dos períodos – inclusive o da Data "0". No caso do projeto hipotético em análise, chegou-se a taxa de 25,88%, ou seja, é uma remuneração bastante atrativa. Pela Figura 19, pode-se verificar a consistência do cálculo, onde 1,2588 decorre de 1 + 0,2588 (taxa obtida) e o expoente é o número de períodos.

[3] Selic: é a taxa básica de juros da economia brasileira que norteia outras taxas de juros, como: empréstimos, financiamentos e aplicações financeiras. A sigla tem sua origem em Sistema Especial de Liquidação e de Custódia, que é uma infraestrutura do mercado financeiro administrada pelo Banco Central do Brasil.

Figura 19

Período	Valor Original	Valor na Data "0"	Cálculo
Data 0	-1.000.000,00	-1.000.000,00	Não há
Ano 1	-600.000,00	-476.654,93	Valor do Ano 1 / (1,2588)
Ano 2	-600.000,00	-378.666,54	Valor do Ano 2 / $(1,2588)^2$
Ano 3	800.000,00	401.096,16	Valor do Ano 3 / $(1,2588)^3$
Ano 4	800.000,00	318.640,77	Valor do Ano 4 / $(1,2588)^4$
Ano 5	2.000.000,00	632.840,39	Valor do Ano 5 / $(1,2588)^5$
Ano 6	2.000.000,00	502.744,15	Valor do Ano 6 / $(1,2588)^6$
Total		0,00	

Saldos trazidos ao valor presente com taxa de 25,88%

Fonte: o autor.

1.3.3 *Return On Investment* (ROI)

Em língua portuguesa, é chamada de Taxa de Retorno, sendo dada pela fórmula:

ROI = (soma das entradas - soma das saídas) / soma das saídas

Para se calcular a soma das entradas e das saídas, os valores devem ser trazidos ao valor presente. Nesse caso, deve-se utilizar todas as entradas e saídas, sendo que como não se trata de fluxo de caixa, então as saídas não têm o sinal de negativo, como no cálculo do VPL e da TIR.

Considerando-se a taxa anual de 15%, obtém-se os valores das entradas e saídas, conforme a Figura 20.

Aplicando-se os valores à fórmula, tem-se:

ROI = (soma das entradas – soma das saídas) / soma das saídas

ROI = (3.334.132,04 – 2.467.133,12) / 2.467.133,12 = 0,3514, ou seja, o valor investido de $2.467.133,12 terá 35,14% de retorno.

Figura 20

Período	Entradas		Saídas	
	Valor Original	Valor na Data "0"	Valor Original	Valor na Data "0"
Data 0	0,00	0,00	1.000.000,00	1.000.000,00
Ano 1	0,00	0,00	600.000,00	521.739,13
Ano 2	0,00	0,00	600.000,00	453.686,20
Ano 3	1.200.000,00	789.019,48	400.000,00	263.006,49
Ano 4	1.200.000,00	686.103,90	400.000,00	228.701,30
Ano 5	2.000.000,00	994.353,47	0,00	0,00
Ano 6	2.000.000,00	864.655,19	0,00	0,00
Totais		3.334.132,04		2.467.133,12

Entradas e saídas trazidas ao valor presente com taxa de 15% ao ano

Fonte: o autor.

1.4 Processos de priorização de projetos

Há organizações que se utilizam de uma ferramenta (um questionário de desenvolvimento próprio) com questões fechadas, faixas de pontuação e pesos, abordando aspectos que se relacionam com a atratividade e/ou complexidade do projeto. Tendo como base um processo matemático bem estruturado, pode-se qualificar a atratividade de um projeto em "baixa", "média" e "alta", conforme parâmetros definidos pela organização.

Quanto à complexidade, pode-se definir o tipo de projeto como, por exemplo, tipo "A", "B", "C" e "D". Essa tipologia possibilita que a organização defina o nível de detalhamento que deve haver para o planejamento e os controles necessários à gestão do projeto – ou seja, projetos complexos devem ter tratativas diferentes de projetos simples.

O preenchimento do questionário é realizado em conjunto com o TAP ou Canvas, transformando-se em uma ferramenta útil para priorização de projetos.

10 PONTOS RELEVANTES

Passo 1 - Definição Preliminar do Projeto

1. TAP e Canvas são ferramentas poderosas para realizar a definição preliminar do projeto de forma objetiva e padronizada, abordando as principais características de um projeto.

2. Premissa é um fator do processo de planejamento considerado verdadeiro, real ou certo, sem a necessidade de prova ou demonstração. As premissas devem ser bem avaliadas, pois se alguma delas não se mostrar verdadeira na execução do projeto, poderá haver consequências negativas para os resultados planejados.

3. Premissas tendem a simplificar o planejamento do projeto, mas, sempre que possível, uma premissa deve ser transformada em risco. Dessa forma, haverá avaliação e plano de respostas. Nem sempre isso é feito, pois o tratamento como risco traz, em geral, esforço - o que representa custos e prazos adicionais.

4. Para exemplificar os itens 2 e 3, considere o proprietário de um veículo. Se ele assumir a premissa que seu carro não será roubado, não há nada a fazer e não terá custo algum. Em contrapartida, se considerar o risco que seu carro pode ser roubado, ele dará alguma resposta ao risco, como fazer seguro, utilizar dispositivos de segurança (alarme, travas) ou estacionar em local pago.

5. Indicadores financeiros são poderosas ferramentas para seleção de projetos. VPL é o valor presente do projeto considerando as entradas e saídas. TIR é a taxa de retorno do projeto a fim de se determinar a atratividade frente à remuneração do dinheiro no mercado. ROI é o percentual de retorno do investimento a ser obtido no projeto.

6. Questionários fechados com estruturação matemática são ferramentas que podem ser utilizadas para se determinar o nível de atratividade do projeto e sua complexidade.

7. O preenchimento de questionário específico é efetuado após o preenchimento do TAP ou Canvas, pois a partir desse momento já se tem uma visão geral materializada do projeto.

8. O nível de atratividade de um projeto pode auxiliar no processo de priorização; o nível de complexidade pode definir o tipo do projeto.

9. Com base no tipo de um projeto em função da complexidade, pode-se definir o nível de detalhamento necessário no planejamento (artefatos) e o nível de controle na fase de execução, ou seja, "tratar diferente o que é diferente".

10. Estimativas de custos e prazos são revisadas quando do planejamento detalhado do projeto, podendo ter novo processo de aprovação junto à alta direção.

PASSO 2

2

Planejamento do Escopo

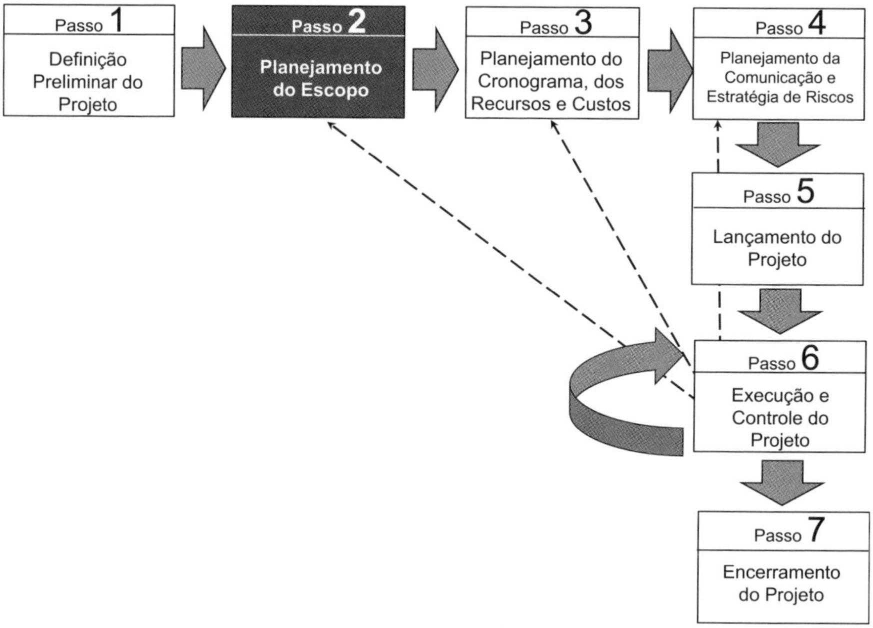

Escopo é aquilo que o projeto tem como proposta de entrega, com base nos requisitos definidos. A clara especificação do escopo é, certamente, uma das tarefas mais importantes de um projeto. Como consequência dessa definição, serão planejadas as entregas e os critérios de aceite, será elaborado o cronograma, serão identificados os recursos necessários (humanos, materiais e logísticos) e os riscos, quando então serão planejadas as respostas aos riscos e estimados os custos do projeto.

Resultados de *benchmarkings* realizados no Brasil na área de gerenciamento de projetos apontam que, dentre dezenas de problemas nos projetos, destacam-se "mudanças de escopo constantes" e "escopo não definido adequadamente". É evidente que esses resultados eram relacionados a projetos com requisitos definidos e estáveis, com utilização da metodologia preditiva.

Assim, tanto uma sólida definição do escopo do projeto, bem como o seu gerenciamento – com critérios estruturados e níveis de autoridade definidos, sobretudo para realização de mudanças – propiciarão condições apropriadas para a conclusão positiva de um projeto.

2.1 Definição do Escopo

Com base no conjunto de documentos aprovados no "Passo 1 – Definição Preliminar do Projeto", composto de Termo de Abertura de Projeto (TAP) e/ou Canvas, e/ou outra documentação de apoio, deve-se elaborar a declaração do escopo, a definição do escopo do produto e do escopo do projeto.

A declaração do escopo fornece um entendimento comum às partes interessadas do projeto em relação às entregas que serão realizadas, orientando um planejamento mais detalhado. Nessa declaração, aquilo que não faz parte do projeto pode ser explicitado, a fim de evitar ambiguidades e omissões que podem causar dúvidas de interpretações – e, às vezes, confusões e eventuais litígios.

O escopo do produto (aquilo que será gerado pelo projeto) é representado pelas suas características e funcionalidades, enquanto o escopo do projeto é representado pelo esforço (trabalho que será realizado) para gerar o produto, conforme a Figura 21.

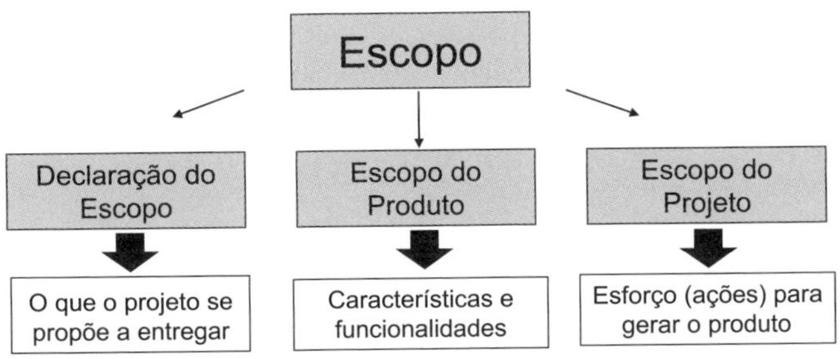

Figura 21

Representação esquemática do escopo

Fonte: o autor.

Por exemplo, pode-se tomar um projeto que tenha por objetivo a troca do piso da cozinha de uma casa. O **Escopo do Produto** seria o registro das **características e funcionalidades** do novo piso, como: a área que terá o novo piso, o tipo de revestimento (porcelanato acetinado ou esmaltado), as medidas de cada peça, as cores, o tipo de fixação (horizontal ou diagonal), o acabamento, tipo e cor do rejunte e dimensões do rodapé (se houver). O **Escopo do Projeto** seria composto das **ações** para gerar essa "entrega" (o produto), considerando, mas não se limitando a: contratar empreiteiro, aprovar proposta, remover o revestimento anterior, pesquisar preços e comprar porcelanato com estimativa de sobra de 20%, pesquisar preços e comprar rejunte e outros materiais, assentar o porcelanato, fixar rodapé, colocar rejunte e limpar.

2.2 Escopo do produto

As características e funcionalidades do produto a ser gerado são chamadas de requisitos. Estes podem ser requisitos do produto, requisitos para atender normas técnicas, requisitos ambientais e legais, requisitos de segurança, requisitos de qualidade, requisitos de desempenho, requisitos de descarte, dentre outros.

Eles incluem necessidades, desejos e expectativas do patrocinador e de outras partes interessadas no projeto. Por isso, para a definição do escopo do produto as expectativas dos interessados no projeto (*stakeholders*) devem ser levantadas, por meio de entrevistas presenciais ou remotas, de observações, de respostas a questionários previamente elaborados, ou através da realização de *workshops*. Com a consolidação da coleta de dados, deve-se elaborar a lista de requisitos do projeto relativa às entregas planejadas.

Uma lista de requisitos – conforme exemplo na Figura 22 – é uma matriz, por isso, é também chamada de Matriz de Rastreabilidade de Requisitos. Nela, cada requisito representa uma linha numerada sequencialmente (para criar uma identificação única do requisito com uma breve descrição). Podem ser considerados atributos dos requisitos: solicitante, tipo, data da solicitação (inclusão na lista) e opcionalmente e critérios de aceite.[1]

[1] Critérios de aceite: representa que, se a condição definida for atendida, a entrega não pode ser recusada, contestada ou rejeitada – ou seja, o aceite é incondicional. Dessa forma, para evitar subjetividade no aceite, recomenda-se, sempre que possível, que os **critérios** sejam **quantificáveis e verificáveis**. Por exemplo, no site de uma empresa que atua na área de capacitação de profissionais, consta: "Nos cursos fechados para uma única empresa são avaliados: materiais, conteúdo do curso e docente. Se a média final do curso englobando estes três itens não atingir pelo menos 50% de bom e ótimo, nosso compromisso é realizar um novo curso ou devolver os eventuais valores pagos". Com esse critério documentado, o aceite do cliente é automático se a média atingir 50% ou mais de conceitos "bom" e "ótimo".

Figura 22

Identificação	Descrição	Tipo	Solicitante	Data da Inclusão	Critérios de Aceite
REQ #001	Porcelanato acetinado da marca X ou Y, na cor cinza, 60 cm x 60 cm	De produto	Proprietário	15/abr	Verificação pelo atendimento à especificação
REQ #002	Os trabalhadores deverão usar EPI (Equipamentos de Proteção Individual) conforme legislação vigente	De segurança	Legislação	15/abr	Verificação na obra
REQ #003	Rejunte acrílico, base plástica na cor branca	De produto	Proprietário	15/abr	Verificação pelo atendimento à especificação
REQ#004	Assentamento no formato diagonal em 45 graus	De produto	Proprietário	17/abr	Observação após a colocação
REQ#005					
REQ#006					

Exemplo de uma Lista de Requisitos
Fonte: o autor.

A identificação do "solicitante" na lista de requisitos é oportuna, pois possibilita identificar, em determinados requisitos, com quem se pode obter maior nível de detalhamento do requisito ou negociar eventuais substituições, ou mesmo ajustes nas especificações.

2.3 Escopo do projeto

É o trabalho que deve ser realizado (esforço) para que as entregas programadas sejam efetuadas, atendendo as características e funções especificadas mencionadas na lista de requisitos. Grosso modo, o escopo do projeto é o cronograma, com a descrição das atividades.

Para a confecção do cronograma recomenda-se que antes seja elaborada a Estrutura Analítica de Projeto (EAP), também chamada de *Work Breakdown Structure* (WBS). A EAP é a decomposição sucessiva da entrega do projeto em entregas menores (hierarquizadas) até o nível de "pacote de trabalho". Em geral, a EAP é apresentada de forma visual. Com isso, o entendimento do projeto – o que está contemplado e o que não está – fica explícito. Ademais, o planejamento e o gerenciamento ficam facilitados, já que é com base na EAP que se desenvolve o cronograma de maneira segura e bem detalhada, tanto para as estimativas de tempo como para as de custos.

A criação da EAP se faz através da técnica da decomposição de cada "entrega do projeto" em entregas menores. A decomposição continua até que se atinja um nível que se possa identificar as atividades para a geração da entrega e, consequentemente, se possam estimar recursos necessários e prazos.

Cada "pacote de trabalho", além de permitir a elaboração de estimativas de esforço de recursos e duração – consequentemente, custos –, é uma importante entrada para se atribuir responsabilidades, identificar riscos no projeto e as aquisições de partes integrantes.

Para se elaborar a EAP de um projeto, pode-se utilizar qualquer ferramenta que permita apresentação em níveis, ou até mesmo, um editor de textos com o uso de identação (recuo à direita). A atribuição de números hierarquizados facilita o entendimento e a associação da entrega no futuro cronograma a ser elaborado, conforme detalhado no "Passo 3 – Planejamento do Cronograma, dos Recursos e Custos".

Na Figura 23, é apresentada a EAP de um projeto hipotético de implantação de um novo sistema de Recursos Humanos em uma organização.

A utilização de EAP de forma gráfica propicia um melhor entendimento do projeto para as partes interessadas acerca das entregas planejadas do projeto, além de ser um facilitador para elaboração do cronograma.

No exemplo da Figura 23, o projeto foi decomposto em cinco entregas: Infraestrutura, Parametrização, Comunicação, Preparação e *Go live*.[2]

As entregas podem ser decompostas; por exemplo, a entrega "1.4 Preparação" foi decomposta em duas: "1.4.1 Migração de Dados" e "1.4.2 Testes".

Algumas empresas, durante a execução do projeto, colorem cada item da EAP para representar o avanço, onde:

- branco (item não-iniciado, no prazo);
- vermelho (não-iniciado, atrasado);
- amarela (em andamento, no prazo);
- laranja (em andamento, atrasado);
- verde (entrega concluída).

....

[2] *Go live*: é um jargão técnico da área de Tecnologia da Informação que significa "ir ao ar", ou seja, colocar o novo sistema em produção, em rotina normal de funcionamento.

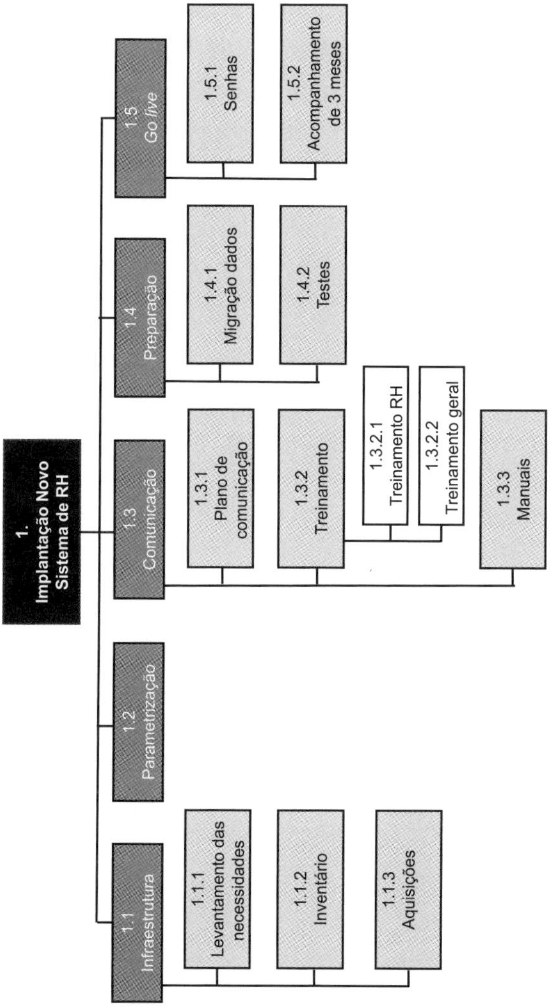

Figura 23

Exemplo de uma Estrutura Analítica de Projeto (EAP)

Fonte: o autor.

Três pontos relevantes devem ser levados em consideração na construção da EAP:

1. Quando um item da EAP tiver a decomposição em um único item, este deve ser eliminado, pois não faz sentido a decomposição "de um para um".

2. Na EAP, não estão contidas atividades; ela não apresenta sequências ou interdependências.
3. Na nomenclatura, deve-se evitar "verbos no infinitivo", pois caracterizam ações, atividades, ou seja, cronograma. Os itens da EAP são entregas!

Uma EAP pode ser reutilizada para projetos similares. Isso significa que na organização pode existir uma biblioteca de EAPs, com o objetivo de aumento da produtividade e aproveitamento do conhecimento existente.

2.4 Síntese

Na Figura 24, há um quadro esquemático do escopo, com os três componentes: Declaração do Escopo, Escopo do Produto e Escopo do Projeto. O principal artefato a ser gerado como escopo do produto é a lista de requisitos, enquanto no escopo do projeto é a EAP.

Figura 24

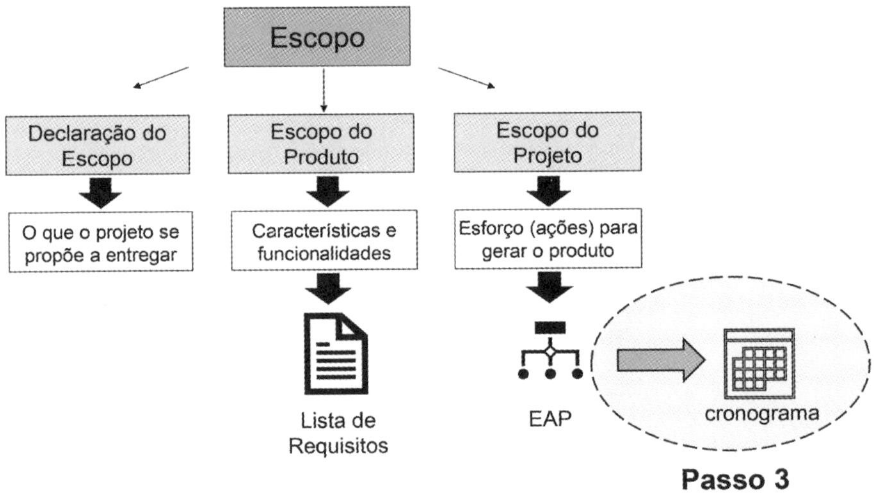

Síntese do escopo
Fonte: o autor.

O cronograma é gerado a partir da Estrutura Analítica de Projeto (EAP), que será abordado no "Passo 3 – Planejamento do Cronograma, dos Recursos e Custos".

10 PONTOS RELEVANTES

Passo 2 - Planejamento do Escopo

1. O escopo pode ser entendido como limites, fronteiras, abrangência de um projeto.
2. Um escopo mal definido é uma das maiores causas de problemas em projetos. O tempo despendido em uma definição completa e consistente pode ser considerado "investimento" para reduzir problemas futuros.
3. O conjunto formado por declaração do escopo, lista de requisitos e EAP constitui-se na documentação mínima do escopo de um projeto.
4. Um projeto só é considerado concluído quanto todos os requisitos forem atendidos.
5. Para elaborar os ramos da EAP de um projeto, deve-se utilizar a técnica da decomposição. Cada "entrega" deve ser decomposta até chegar em um nível que se consiga identificar as atividades e, consequentemente, os recursos necessários e estimar prazos.
6. Não faz sentido decompor um elemento da EAP em um único item; neste caso, o elemento deve ser mantido sem decomposição.
7. A EAP não é o cronograma, não apresenta atividades e nem é o organograma do projeto. Ela é o conjunto de entregas planejadas no projeto.
8. A EAP abrange todo o trabalho a ser executado e só o trabalho a ser executado.
9. A EAP não apresenta sequências ou interdependências, sendo de fácil entendimento. Por isso, deve ser apresentada e discutida com as principais partes interessadas do projeto.
10. A EAP é a ferramenta que facilita a elaboração do cronograma.

PASSO 3

Planejamento do Cronograma, dos Recursos e Custos

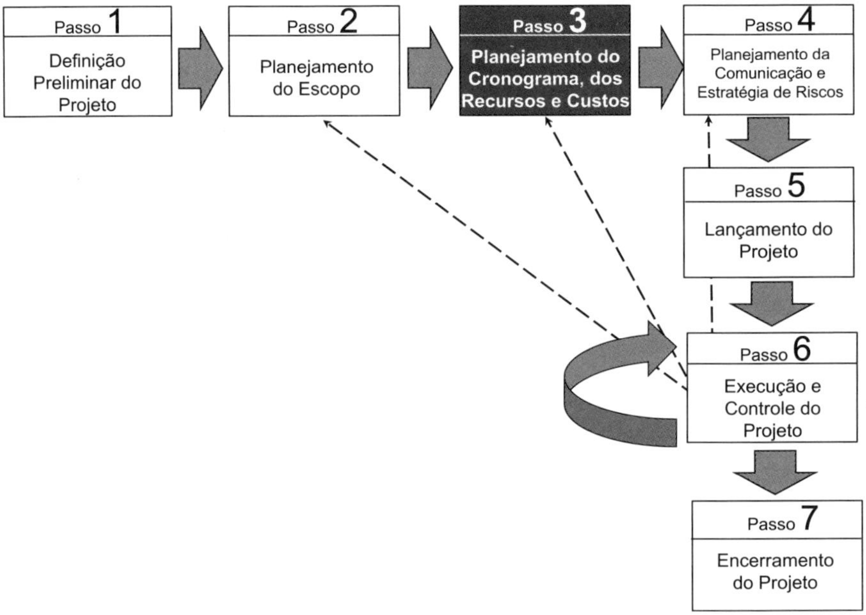

É neste passo que se elabora o cronograma, importante artefato de planejamento e, posteriormente, de controle do projeto. Além disso, são identificados os recursos necessários para o projeto e as aquisições, que determinam a estimativa preliminar de custos. Os recursos necessários a um projeto podem ser humanos (conforme habilidades e competências requisitadas), materiais e logísticos, enquanto as aquisições podem ser de serviços, equipamentos, ferramentas, sistemas e materiais.

3.1 Cronograma e ferramentas para construção

O cronograma é um documento essencial de planejamento de um projeto, pois indica de forma clara e objetiva as atividades que gerarão as entregas planejadas do projeto, os marcos (*milestones*), a dependência entre as atividades e o caminho crítico – tudo isto de forma gráfica e temporal.[1]

O cronograma é uma ferramenta de controle na execução e um importante instrumento de comunicação do gerente de projetos com a equipe e com o patrocinador, pois muitas vezes é possível identificar nas atividades de um cronograma quem são os participantes e quem são os responsáveis pelas atividades. Como lembrete: "toda atividade deve ter um e só um responsável pela sua realização".

Há muitas ferramentas que auxiliam o gerente de projetos na elaboração ou manutenção do cronograma do projeto, sendo algumas gratuitas e outras que o usuário deve pagar pela licença de uso. As ferramentas pagas têm mais recursos e funcionalidades, além de suporte técnico. São exemplos de ferramentas de mercado: GanttProject, Project Libre e MS-Project da Microsoft.

É evidente que um *software* pode contribuir na elaboração e gestão de um cronograma, pois, de acordo com suas características funcionais (*features*), ele automatiza com facilidade alguns processos. Entretanto, essa não é uma condição *sine qua non*, uma vez que é possível criar e monitorar um cronograma de um projeto simples sem auxílio de um aplicativo específico para esse fim. Nesse caso, o esforço do profissional responsável por essa atividade poderá ser bem maior, dependendo do nível de complexidade do projeto.

3.2 Etapas para construção de cronograma

A construção de um cronograma de projeto é constituída por seis etapas distintas. Inicialmente, deve-se identificar as entregas planejadas com base na EAP; em seguida, elaborar a lista de atividades necessárias para geração de cada entrega, sequenciando-as. Finalmente, estimar a duração de cada atividade, alocar os recursos, efetuar os ajustes e divulgar o cronograma.

As seis etapas para construção do cronograma são:

Etapa 1 – identificar as entrega planejadas;

Etapa 2 – criar a lista de atividades para gerar cada entrega planejada;

Etapa 3 – sequenciar as atividades;

[1] Marco (*milestone*): pode ser uma entrega ou início de um trabalho futuro. Em geral, todo marco tem duração nula no cronograma.

Etapa 4 – definir a duração das atividades;
Etapa 5 – alocar os recursos e efetuar os ajustes;
Etapa 6 – divulgar o cronograma.

Etapa 1 – identificar as entregas planejadas: a primeira etapa para a construção de um cronograma é ter em mãos a EAP com maior nível de granularidade possível, conforme descrito no "Passo 2 – Planejamento do Escopo", pois para cada entrega será definida uma lista de atividades que, quando executadas, gerarão a entrega prevista. Nesta etapa, são identificadas restrições do tipo "não começar antes de", "não começar depois de", "não terminar antes de" e "não terminar depois de", ou seja, são restrições temporais (data) para a geração de uma ou mais entregas.

Etapa 2 – criar a lista de atividades para gerar cada entrega planejada: quando da sua elaboração, deve-se colocar uma identificação – nome da atividade, por exemplo – e algumas características já identificadas – como premissas, restrições, especialização necessária de recursos humanos. Neste momento, não deve haver preocupações com duração, disponibilidade de mão de obra e dependência entre atividades. Três lembretes:

1. O nome das atividades deve sempre começar com um verbo no infinitivo, dando uma "ideia de ação";[2]
2. As atividades devem ter o maior nível possível de detalhamento, pois, se por um lado, isso é um dificultador para a elaboração e gestão de um cronograma, por outro, será um facilitador para acompanhar e diagnosticar o progresso do projeto;
3. Há quatro tipos de atividades: TI (Término a Início), II (Início a Início), IT (Início a Término) e TT (Término a Término), embora a grande maioria das atividades seja do tipo TI (Término a Início), ou seja, a atividade seguinte só pode ser iniciada se a antecessora for concluída. A Figura 25 apresenta uma representação tradicional, onde nos retângulos estão as atividades e na flecha, a dependência entre elas.

[2] Nome de atividades: é relativamente comum encontrar atividades nomeadas com um substantivo. Exemplo: "Relatório Gerencial", em que, sem um verbo de ação, não é possível identificar qual seria a atividade, que poderia ser: Preparar Relatório Gerencial, Revisar Relatório Gerencial, Distribuir Relatório Gerencial, Arquivar Relatório Gerencial, Publicar Relatório Gerencial, Destruir Relatório Gerencial ou Digitalizar Relatório Gerencial.

Figura 25

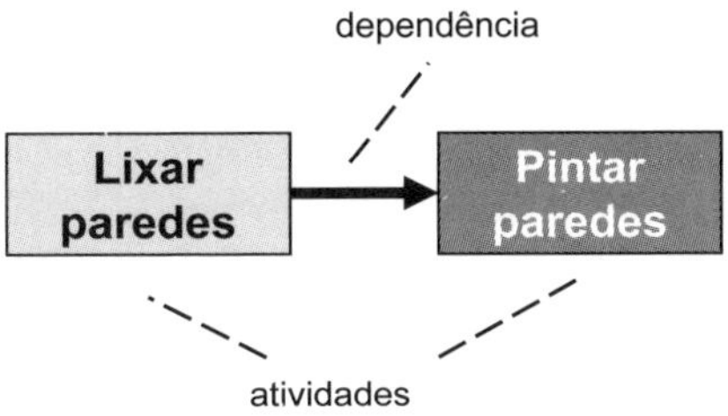

Exemplo de atividade do tipo TI (Término a Início)

Fonte: o autor.

Pela Figura 25, nota-se que a atividade "Pintar paredes" só pode ser realizada após concluída a atividade "Lixar paredes". A "flecha" indica essa dependência. Na Figura 26, são apresentados os quatro tipos de atividades – porém relembrando de que a do tipo TI (Término a Início) é a de uso frequente no dia a dia, enquanto as demais são pouco usuais.

Etapa 3 – sequenciar as atividades: nesta etapa, as atividades devem ser colocadas em sequência lógica de realização. Há atividades que não podem começar antes da conclusão da atividade anterior – isso se chama "precedência". Por exemplo, se a entrega é a reforma das paredes de uma pequena sala, as atividades deveriam ser: limpar paredes, passar massa corrida, lixar paredes, remover pó das paredes, preparar a sala, pintar paredes e limpar chão. Pode-se notar que todas as atividades são do tipo TI (Término a Início), ou seja, para que se possa iniciar a atividade "remover pó das paredes" é necessário que a atividade imediatamente anterior "lixar paredes" tenha sido concluída. De modo análogo, para iniciar a atividade "limpar chão", torna-se necessário que a atividade "pintar paredes" tenha sido concluída.

O fato de existir um período entre as atividades "passar massa corrida" e "lixar paredes" não necessariamente significa que o processo de secagem se constitui uma atividade, mas é o que em Gerenciamento de Projetos se chama de tempo de espera (*lag*) para iniciar a próxima atividade, tomando por base o encerramento da anterior. Na Figura 27, está a representação gráfica do tempo de espera (*lag*) logo após a Atividade 2 (terceiro dia, em cinza).

Etapa 4 – definir a duração das atividades: nesta etapa, para cada atividade existente, deve ser prevista uma duração para sua execução. Este trabalho é complexo e delicado, pois o subproduto das estimativas indicará a data prevista para encerramento do projeto. É justamente por isso que as estimativas devem ser feitas por profissionais mais experientes em projetos – preferencialmente por aqueles que tenham tido vivência em projetos similares, trazendo relevantes contribuições.

Tipo de Atividade	Conceito	Esquema	Exemplo
TI – Término a Início	A atividade (B) não pode ser iniciada enquanto a atividade (A) não for concluída	A → B	Realizar assepsia da pele → Aplicar injeção
II – Início a Início	A atividade (B) não pode ser iniciada enquanto a atividade (A) não for iniciada	A → B	Criar grupo de mensagens → Enviar mensagens
IT – Início a Término	A atividade (B) não pode ser terminada enquanto a atividade (A) não for iniciada	A → B	Realizar Turno 2 de trabalho → Realizar Turno 1 de trabalho
TT – Término a Término	A atividade (B) não pode ser terminada enquanto a atividade (A) não for terminada	A → B	Cozinhar pratos individuais → Servir os pratos simultaneamente

Figura 26

Atividades do tipo TI, II, IT e TT

Fonte: o autor.

Figura 27

Exemplo de cronograma com tempo de espera (*lag*)

Fonte: o autor.

Esforço e duração são conceitos distintos. **Esforço** é a "quantidade" de trabalho necessária para concluir a atividade. **Duração** é o "tempo total" para concluir uma atividade. Em geral, o esforço é apresentado em horas e a duração em dias, semanas e meses. Dessa forma, estima-se o esforço para se determinar a duração.

Um erro comum quando da definição de esforço de cada atividade é que o profissional que está elaborando a estimativa assuma que será ele quem realizará a atividade, subestimando, em geral, o esforço previsto. Desse modo, para evitar esse tipo de equívoco, ao se elaborar a estimativa da atividade, deve-se associar a realização a uma dada especialização profissional com um determinado nível de *expertise*, ou seja, deve ser identificado o nível do profissional para a realização da atividade, e não o "nome" do profissional. Por exemplo, algumas empresas de consultoria têm seis níveis diferentes de consultores em função de seu conhecimento/experiência: C1, C2, C3, C4, C5 e C6. Assim, uma atividade em um cronograma pode ter esforço estimado em dez horas de um consultor nível C1, no entanto, se for realizada por um consultor C4 poderá levar o dobro do tempo, ou até mais.[3]

[3] Nível de especialização dos recursos: o nível de especialização do recurso planejado afeta diretamente o orçamento do projeto, pois quanto mais especializado for o profissional, maior será o custo associado à atividade, uma vez que é mais produtivo. Na execução do projeto, pode ocorrer que o recurso planejado não esteja disponível naquele momento. Nesse caso, o gerente de projetos pode optar por trabalhar com um recurso de nível superior, lembrando-se, contudo, de que isso pode impactar negativamente o orçamento previsto – embora possa trazer algum benefício em termos de redução de esforço e prazo para conclusão da atividade.

Outra ressalva é que devem ser evitadas atividades longas – superior a duas semanas de duração, por exemplo –, por isso, sempre que possível, elas devem ser "quebradas" em duas ou mais atividades menores, facilitando a posterior gestão. Por exemplo, uma atividade "desenvolver um aplicativo" estava estimada em dois meses. A decomposição poderia ser feita em quatro atividades distintas, como: especificar as funcionalidades, prototipar a *interface* gráfica, desenvolver e testar. A recomendação de dividir a atividade com duração superior a duas semanas em atividades de menor duração não é aplicável a atividades de "acompanhamento" ou "monitoramento", pois estas são contínuas, sem uma entrega efetiva.

O método *Program Evaluation and Review Technique* (PERT) utiliza uma média ponderada com três possíveis durações para a mesma atividade: visão otimista, visão mais provável e visão pessimista. Em geral, se utilizam os pesos 1, 4 e 1, respectivamente.

Duração da Atividade = [Otimista + (4 * Mais Provável) + Pessimista] / 6

Exemplo: qual a duração estimada para uma pessoa viajar do Rio de Janeiro a São Paulo? Na visão otimista, seria uma hora, considerando-se o *check-in* no Aeroporto Santos Dumont, o embarque imediato, a viagem e a chegada a São Paulo sem maiores problemas. A visão mais provável seria de duas horas, considerando-se o *check-in*, algum tempo de espera para realizar o embarque, a viagem e algum tráfego aéreo que retarde o pouso da aeronave em São Paulo. A visão pessimista seria de seis horas, imaginando-se filas para realização do *check-in*, atraso no embarque, Aeroporto de Congonhas fechado por algum período devido ao mau tempo e tráfego aéreo em São Paulo no horário de pico. Assim, pelo método PERT essa atividade deveria ter como duração estimada 2,5 horas, que decorre da aplicação da fórmula apresentada [1 + (4 * 2) + 6] / 6 = 2,5.

Etapa 5 – Alocar os recursos e efetuar os ajustes: nesta etapa, é feita a alocação dos recursos no projeto, ou seja, são identificados os recursos que trabalharão em cada atividade. Pode ocorrer que alguns profissionais fiquem com excesso de trabalho (*overload*), por isso cabe ao gerente de projetos fazer os ajustes necessários. Isso se chama Nivelamento de Recursos (*Resource Levelling*) e alguns *softwares* têm essa funcionalidade já incorporada. Naturalmente, quando se faz o nivelamento de recursos, o prazo do projeto tende a aumentar, exceto se recursos adicionais forem inseridos.

Resumindo, as atividades de projetos têm:

- identificação (nome e/ou código);
- sequência lógica;
- predecessoras;
- duração estimada;
- responsável;
- recursos planejados;
- imposições (por exemplo, "não começar antes de" e "não terminar depois de").

Etapa 6 – Divulgar o cronograma: este deve ser distribuído aos líderes do projeto e, sempre que possível, impresso e fixado em uma parede na Sala de Guerra do projeto (*War Room*), preferencialmente em uma parede visível por todos e que seja local de passagem. No cronograma, é importante que em cada atividade sejam apresentados não somente o responsável, mas também os participantes, pois isso dá um "sentimento de propriedade e compromisso" a todos. No cronograma, devem estar explícitas a versão do documento e a data de atualização.[4]

3.3 Caminho crítico

Conceitualmente, caminho crítico é o conjunto de atividades que não pode ter atraso algum, pois caso isso ocorra em qualquer uma delas, o projeto atrasará. As atividades que fazem parte dele são chamadas de "atividades críticas", enquanto aquelas que têm alguma tolerância a atrasos são chamadas de "atividades normais" ou "atividades com folga", onde o tamanho da "folga" em cada atividade é o tempo máximo que a atividade pode atrasar sem comprometer a data de conclusão do projeto. Um exemplo é apresentado por meio das Figuras 28 e 29. Entretanto, os *softwares* de elaboração de cronogramas apresentam o Caminho Crítico com diversos recursos visuais e de controle.

Pode-se notar que as Atividades 2, 3 e 4 estão em paralelo e só podem ser iniciadas após a conclusão da Atividade 1.

[4] Sala de Guerra: traduzido de *War Room*, é a sala onde boa parte dos participantes do projeto atua. A atuação dos profissionais em um único local traz interatividade, integração da equipe e agilidade nas comunicações – além de aproximar as pessoas, propiciando maiores interações sociais.

Figura 28

Atividade	Descrição	Duração (em dias)	Precedência(s)
1	Divulgar festa	1	-
2	Comprar doces	2	Atividade 1
3	Preparar salgados	3	Atividade 1
4	Comprar bebidas	1	Atividade 1
5	Realizar festa	1	Atividades 2, 3 e 4
6	Avaliar festa	1	Atividade 5

Exemplo de lista de atividades

Fonte: o autor.

Pela Figura 29, pode-se notar que o caminho crítico – destacado em cor cinza – é composto pelas Atividades 1 (Divulgar festa), 3 (Preparar salgados), 5 (Realizar festa) e 6 (Avaliar festa). Caso haja qualquer atraso em alguma dessas atividades, o cronograma ultrapassará o 6º dia do projeto, representando atraso. Por outro lado, as Atividades 2 (Comprar doces) e 4 (Comprar bebidas) têm folga. A folga da Atividade 2 é de um dia, e a folga da Atividade 4 é de dois dias. Assim, na execução, as Atividades 2 e 4 podem atrasar – no limite máximo de suas folgas – sem comprometer o prazo final do projeto.

Figura 29

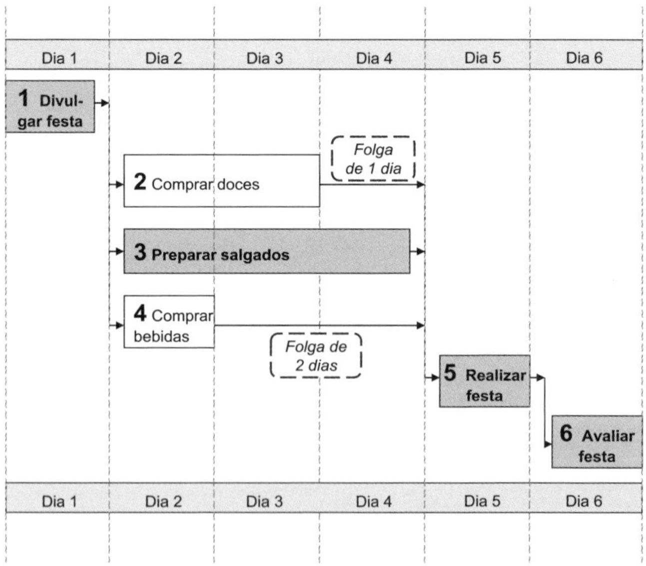

Exemplo de cronograma com destaque para o caminho crítico

Fonte: o autor.

Conhecer e gerenciar o caminho crítico pode propiciar ao gerente de projetos oportunidades de melhor alocação dos profissionais no projeto, a fim de evitar atrasos em caso de disponibilidade ou ociosidade de recursos.

O processo para determinação do caminho crítico usa como base a técnica *Critical Path Method* (CPM), incorporada em praticamente todos os aplicativos de elaboração de cronograma. O processo para determinação do caminho crítico é apresentado e exemplificado no Apêndice B.

3.4 EAP e o cronograma

A base para construção do cronograma é a EAP, que contém as entregas decompostas em entregas menores. Na Figura 30, está a EAP de uma viagem internacional para Orlando (EUA) de um morador da cidade de Londrina, no Paraná, com data previamente definida.

Figura 30

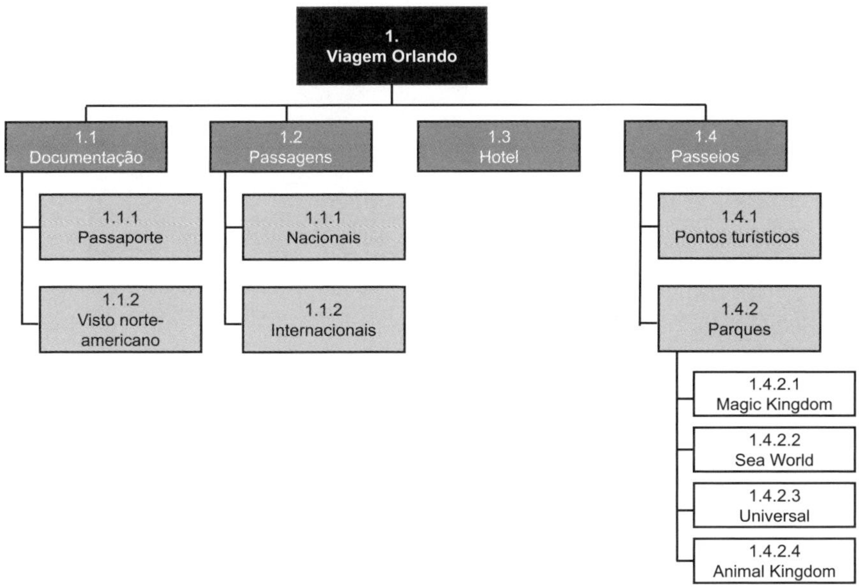

Exemplo de EAP

Fonte: o autor.

A EAP é parte integrante da apresentação do cronograma, sendo que todos os itens sem ramificação devem, obrigatoriamente, conter atividades. Os itens sem ramificação não contêm atividades.

A numeração da EAP facilita associar a EAP com as atividades apresentadas no cronograma. A propósito, de modo geral, atividades não são numeradas – isso visa facilitar inserções e deleções. Ademais, devem sempre ser iniciadas por um verbo no infinitivo, indicando "ação" (Figura 31).

	Quinzena								
	1	2	3	4	5	6	...	13	14
1 Viagem Orlando									
1.1 Documentação									
1.1.1 Passaporte									
Preparar documentação	■								
Pagar taxa	■								
Agendar	■								
Tirar o passaporte		■							
1.1.2 Visto norte-americano									
Preparar documentação			■						
Tirar fotos			■						
Agendar ida ao consulado em São Paulo			■						
Pagar taxas				■					
Comprar passagens aéreas Londrina-São Paulo-Londrina				■					
Receber o passaporte com o visto					■				
1.2 Passagens									
1.2.1 Nacionais									
Pesquisar preços Londrina-São Paulo-Londrina	■	■	■	■	■				
Emitir bilhetes aéreos						■			
1.2.2 Internacionais									
Pesquisar preços São Paulo-Orlando-São Paulo	■	■	■	■	■				
Emitir bilhetes aéreos						■			
1.3 Hotel									
Pesquisar preços para o período	■	■	■	■	■				
Efetuar as reservas						■			
Hospedar-se e pagar								■	■
1.4 Passeios									
1.4.1 Pontos Turísticos									
Pesquisar principais pontos de Orlando	■	■	■	■	■	■			
Comprar ingressos						■			
Visitar os pontos selecionados								■	■
1.4.2 Parques									
1.4.2.1 Magic Kingdon									
Comprar ingressos						■			
Visitar o parque								■	
1.4.2.2 Sea World									
Comprar ingressos						■			
Visitar o parque									■
1.4.2.3 Universal									
Comprar ingressos						■			
Visitar o parque									■
1.4.2.4 Animal Kingdon									
Comprar ingressos						■			
Visitar o parque								■	

Figura 31

EAP e cronograma integrados

Fonte: O autor

Para a geração da Figura 31, não foi utilizada ferramenta específica de criação de cronogramas, por isso, as precedências das atividades (flechas) não são apresentadas. De qualquer modo, trata-se de uma apresentação de fácil entendimento e utilização – lembrando-se das duas principais finalidades de um cronograma: planejamento e apoio à gestão.

3.5 Planejamento de Recursos

O planejamento de recursos envolve não somente os recursos humanos, mas também as necessidades de equipamentos, máquinas, ferramentas, materiais, instalações (salas de reuniões, recursos audiovisuais, armazéns), dentre outros.

Dessa forma, o planejamento de recursos – sejam existentes na organização ou contratados (alugados ou adquiridos) – deve estar em consonância com o cronograma para que estes estejam disponíveis nas datas previstas.

Para os recursos internos, a organização deve ter políticas e procedimentos para reservas e alocações de recursos, a fim de garantir a disponibilidade para o desenvolvimento dos projetos de forma otimizada. Já para os recursos contratados externamente, torna-se necessário que os fornecedores sejam bem qualificados e tenham prazos e condições de entregas compatíveis com as demandas dos projetos.

A alocação de recursos humanos deve ser feita com base nas atividades programadas para o projeto, pois envolve habilidades e competências específicas para realizá-las. Como elemento dificultador para a alocação dos profissionais nos projetos, está a disponibilidade dos recursos identificados para o período planejado. Traduzindo em poucas palavras: o gerente de projetos precisa ter o recurso certo, no momento certo!

O tipo de alocação de um profissional no projeto – presencial, remota ou híbrida – vai depender das especificidades do projeto, do local de residência do profissional, de custos envolvidos, das negociações prévias com o profissional, de políticas de viagem da empresa e de tratativas com o cliente (no caso de projetos externos).

Como nem sempre as organizações possuem profissionais com o conhecimento e prática (*expertise*) necessários para o desenvolvimento das atividades, as lacunas identificadas podem ser supridas por meio do treinamento de algum profissional da organização que atenda aos pré-requisitos, da contratação de um novo colaborador, de uma empresa especializada para suprir a demanda específica ou de mão de obra temporária para o projeto. Cada organização tem suas políticas de Recursos Humanos para essa situação. No entretanto, o que se observa é que quanto mais projetizada for a estrutura da organização, maior será a flexibilidade para participação dos profissionais internos em projetos, trazendo otimizações nos processos de alocações, com vantagens de prazos e custos.[5]

Com base no calendário de disponibilidade de recursos, o cronograma do projeto poderá ser revisado, adequando-o às eventuais restrições identificadas. Outro aspecto a ser considerado é que há projetos em que parte da equipe está distribuída geograficamente em outras cidades, estados ou mesmo países. Assim, na infraestrutura, devem estar previstos instrumentos de comunicação e de execução das atividades compatíveis com as necessidades do projeto.

3.6 Organograma, matriz de responsabilidades e manuais da organização

São três os elementos relativos à estruturação organizacional e processual de um projeto: organograma do projeto, a matriz de responsabilidades e os manuais de orientação à atuação profissional e de procedimentos.

O **organograma** é a representação gráfica por meio da qual se identifica a estrutura organizativa de um projeto, evidenciando os níveis hierárquicos, as posições, as relações de subordinação e de assessoria. Consulte o "Conceito 8 – Estrutura organizacional de um projeto: organograma" para mais detalhes.

A **matriz de responsabilidades** é uma representação matricial que evidencia as conexões entre componentes da EAP e os profissionais do projeto. Caso se pretenda trabalhar em níveis distintos, os itens da EAP podem ser substituídos por etapas do projeto, ou até mesmo atividades.

Na matriz de responsabilidades, a conexão deve ser feita por siglas, deixando claro qual é o nível de responsabilidade do profissional para o item da EAP, etapa ou atividade. Por exemplo, "R" representa "Responsável", "A" seria "Aprovador" e "P", "Participante". Deve-se lembrar de que

[5] Recursos compartilhados (*pool* de recursos): as organizações que trabalham em ambiente multiprojetos têm, na figura do gerente de recursos (*Resource Manager*), o gestor dos recursos humanos compartilhados, do desenvolvimento dos mesmos e de sua avaliação de desempenho. Ademais, o gerente de recursos avalia, caso a caso, quais as alternativas para complementação de *expertise* quando os recursos internos se mostram inexistentes, insuficientes ou indisponíveis para execução de uma determinada atividade. O *pool* de recursos traz ganho de escala e de expertise para a organização.

para cada item deve haver sempre um único "R" (Responsável), conforme Figura 32.[6]

	Plano de Treinamento	Material Cursos Online	Material Cursos Presenciais	Execução Cursos Online	Execução Cursos Presenciais	Avaliações Cursos
Patrocinador	A					A
Gerente de Projetos	**R**	A	A			**R**
Instrutor 1	P			**R**		
Instrutor 2	P				**R**	
Instrutor 3	P			P	P	
Designer Instrucional		**R**	**R**			
Suporte de TI				P		

Legenda:
R = Responsável
A = Aprovador
P = Participante

Figura 32

Exemplo de matriz de responsabilidades

Fonte: o autor.

6 Matriz de responsabilidades: o modelo apresentado é o Responsável, Aprovador e Participante (RAP), embora muitas organizações trabalhem com uma matriz com Responsável, Aprovador, Consultado e Informado (RACI), que é mais detalhada, porém, dois aspectos devem ser analisados na Matriz RACI: o "C" (Consultado) pode gerar dúvida se é consulta obrigatória ou opcional; isso pode se transformar em um dificultador no andamento do projeto. Outro ponto a ser analisado é o "I" (Informado), que deveria estar contemplado no Plano de Comunicação e não na matriz, afinal ser informado não é uma responsabilidade.

Os **manuais** de atuação profissional e procedimentos são conjuntos de normas de conduta, de padrões e de procedimentos técnicos e/ou administrativos que devem ser seguidos no projeto. Como exemplo, podem ser citados o Manual do Colaborador, o Manual de Conduta Ética, os procedimentos de aquisição de materiais e serviços na organização, os procedimentos para lançamento de horas nos projetos, os procedimentos e políticas para prestação de contas de despesas efetuadas, a documentação mínima exigida para efeitos de auditoria (evidências), os níveis de aprovação para contratação de novos profissionais e as políticas de premiação individuais e em equipes. Em geral, trata-se de um conjunto de documentos e orientações que balizam o dia a dia das organizações.

3.7 Contrato individual com colaborador alocado em projeto

Há organizações que elaboram contratos individuais para cada integrante da equipe de projeto, a fim de registrar os objetivos do profissional naquele projeto. Embora não seja um "contrato com força legal", o formalismo visa clarificar para as partes o que se espera do profissional no projeto, evitando-se equívocos, mal-entendidos ou alterações de última hora sem a devida importância. Ademais, um registro documentado é mais eficiente que uma orientação exclusivamente verbal. A eventual justificativa de "perda de tempo" é substituída pela certeza do entendimento e clareza das instruções/objetivos e, consequentemente, pela redução da possibilidade de retrabalho e de uma baixa qualidade nas entregas.

Este documento é simples, apresentando de forma sucinta os objetivos do profissional no projeto. Todo objetivo definido, sempre que possível, deve ser SMART (que em inglês significa "esperto") e provém da sigla que contempla cinco atributos – específico, mensurável, atingível, relevante e com prazo determinado –, devendo, é claro, estar consistente com a matriz de responsabilidades do projeto, conforme a Figura 33.

Dessa forma, um objetivo deve ser específico, possível de medição, realístico, relevante e com prazo definido. Se ele não tiver esses atributos, a tarefa de avaliação dos resultados (atingimento dos objetivos) pode ser tornar complexa e subjetiva.

A avaliação individual de resultados obtidos no projeto deve ser realizada no transcorrer do mesmo – por exemplo, com periodicidade trimestral –, e não somente ao final do projeto, tendo por base a formalização recomendada. A avaliação periódica possibilita a realização de sessões de aconselhamento e orientações do gerente de projetos – de forma que medidas de ajuste sejam tomadas ainda em tempo de execução do projeto, para que as melhorias sejam possíveis antes de sua conclusão.

Figura 3.33

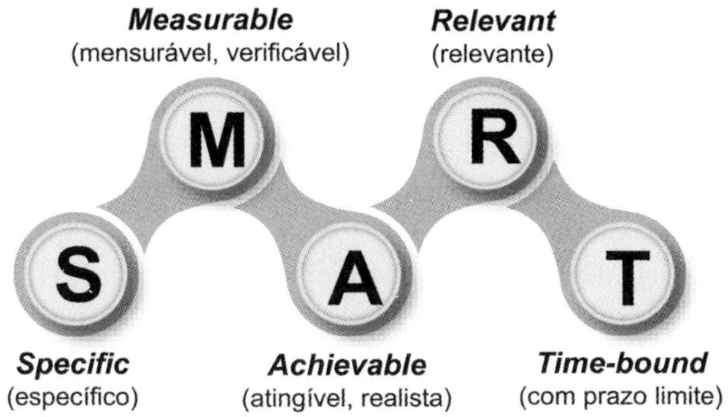

Significado de SMART
Fonte: o autor.

3.8 Aquisições

Em um projeto, muitas vezes, há necessidade de se obter materiais, equipamentos, *softwares*, sistemas, mão de obra e serviços externos, de acordo com parâmetros de qualidade previamente definidos. O planejamento dessas aquisições afeta diretamente o orçamento de um projeto e seu cronograma.

As aquisições em um projeto devem conter, além da especificação técnica e seus quantitativos, os prazos de entrega e condições comerciais, como forma de pagamento, garantias, assistência técnica, desempenho esperado (níveis de serviço), bonificações e penalidades. Recomenda-se que, sempre que possível, seja elaborada uma especificação de trabalho – que em inglês chama-se *Statement Of Work* (SOW) – para encaminhamento aos potenciais fornecedores de componentes do projeto.[7]

Os contratos que envolvem algum fornecimento de mão de obra podem ser na modalidade de Preço Fixo (*Fixed Price*) para uma determinada entrega ou Tempo & Materiais (*Time & Material*), por meio dos quais os valores

[7] Especificação de trabalho: também chamada de *Statement Of Work* (SOW), representa o termo de declaração de trabalho a ser desenvolvido pelo potencial fornecedor, incluindo a especificação, as entregas, os prazos, os critérios de aceite e as condições contratuais.

para pagamento são apurados com base no esforço despendido e materiais utilizados.

A forma de contratação pode ser efetuada por concorrência pública, carta-convite, leilão, leilão eletrônico, tomada de preços, dentre outras. No âmbito da administração pública – federal, estadual ou municipal –, há legislações específicas. Na administração privada, os critérios para contratação são exclusivos e internos à organização, não cabendo tipo algum de contestação, pois, neste setor, o administrador que faz uma aquisição deve atender aos procedimentos internos de governança e prestar contas à sua diretoria, às auditorias e aos acionistas.

É imprescindível que a equipe do projeto tenha conhecimento dos procedimentos administrativos existentes na organização para realizar as aquisições – tanto que se recomenda que nos processos de aquisição em projetos estejam envolvidos, pelo menos, um representante da área de aquisições, um representante da área jurídica e um representante técnico.

O representante da área de aquisições, além de conhecer os procedimentos internos, já deve possuir uma base de fornecedores pré-qualificados e ter experiência em equalizar e avaliar propostas. Esse representante também deve ter habilidades de negociação com fornecedores, podendo ser o elemento de ligação com a área financeira da organização. O representante jurídico dará suporte a questões contratuais, apoiando a negociação do contrato, cláusulas de penalidades, bonificações, condições de rescisão contratual de forma motivada ou imotivada (eventos de restrição do vínculo) etc. Finalmente, o gerente de projetos e sua equipe elaboram as especificações, realizam visitas e diligências a fornecedores e avaliam tecnicamente as propostas recebidas.

Deve-se destacar que há aquisições de *commodities* em projetos que podem ter seu fornecedor facilmente substituído em termos de produtos/serviços, provavelmente, com pequenas oscilações de custos ou prazo de entrega, garantindo a qualidade planejada. Todavia, as condições contratuais podem dificultar a substituição. Há também aquisições que são particulares para um determinado projeto – feito sob medida –, para as quais não é possível substituir o fornecedor sem que haja um significativo impacto de prazos, custos ou qualidade. Para esses casos, o planejamento de aquisições deve ser criterioso e os riscos devem ser rigorosamente avaliados e respondidos.

Projetos que envolvem aquisições internacionais devem considerar a legislação e tributação do país de origem do produto/serviço contratado, bem como as do Brasil – tanto nos aspectos financeiros como de desembaraço alfandegário.

3.9 Planejamento de custos

Os custos de um projeto estão relacionados, dentre outros fatores, à mão de obra, locomoção e estadia de profissionais, aquisição de equipamentos de materiais e serviços, licença de *softwares* e aluguéis.

As estimativas de custos devem ser feitas por equipe experiente – preferencialmente que tenha atuado em projetos similares, lembrando de que uma estimativa é a "melhor previsão possível com as informações disponíveis". Ademais, as estimativas devem ser realistas, precisando ser elaboradas de forma criteriosa e detalhada.

As bases para elaboração das estimativas de custos de um projeto são:

1. **Mão de obra:** deve ser baseada no cronograma de atividades, com o detalhamento do esforço estimado (quantidade de horas) de todos os profissionais participantes do projeto;[8]
2. **Despesas de viagem:** são os custos estimados de transporte (passagens aéreas e/ou rodoviárias) e estadia dos profissionais (hotel, táxi, aplicativos de transporte, alimentação e taxas aeroportuárias), segundo políticas da organização;
3. **Aquisições:** são os custos de materiais, equipamentos, *softwares*, sistemas e serviços;
4. **Respostas aos riscos:** custo das ações preventivas e mitigadoras;
5. **Cursos:** são os custos para capacitação de alguns integrantes da equipe do projeto. Nesse caso, as eventuais despesas de transporte e estadia também devem ser consideradas;
6. **Comemorações:** os custos estimados para possíveis eventos comemorativos com a equipe do projeto por entregas intermediárias concluídas com sucesso ou de finalização do projeto;
7. **Reservas:** montante financeiro para cobrir danos decorrentes de riscos que se tornaram realidade, conforme descrito no "Passo 4 – Planejamento da Comunicação e Estratégia de Riscos".

O processo de planejamento de custos deve ser feito com o maior nível de granularidade possível, a fim de garantir um bom nível de precisão e facilitar o acompanhamento futuro. São boas práticas:

[8] Horas extras: caso se saiba de antemão que no projeto haverá a necessidade de realização de horas extras, estas devem ser consideradas no planejamento financeiro. Entretanto, se há dúvida sobre a sua realização ou não, então esse item deverá ser inserido como um risco no projeto, conforme descrito no "Passo 4 – Planejamento da Comunicação e Estratégia de Riscos".

- Realizar consultas internas: utilizar a base das Lições Aprendidas de projetos anteriores e outros dados históricos disponíveis na organização;
- Pesquisar preços: realizar pesquisas de mercado de preços dos componentes de custos para se ter uma visão realista e atualizada;
- Alocar equipe de trabalho: a equipe para realizar as estimativas deve ser qualificada e experiente, devendo ter disponibilidade para a realização deste trabalho, pois assim será atribuída a prioridade que o assunto requer.

O **custo total estimado do projeto** é o somatório de:

- custos de mão de obra;
- custos de viagens (passagens e estadias);
- valor das aquisições (materiais, equipamentos, serviços);
- respostas aos riscos identificados (seguros, ações preventivas e mitigadoras);
- outros custos (cursos, eventos comemorativos, aluguéis);
- valor das Reservas Financeiras (de Contingência e Gerencial), conforme detalhamento no "Passo 4 – Planejamento da Comunicação e Estratégia de Riscos".

Para projetos externos, o cálculo do preço do projeto a ser apresentado ao cliente tem por base o custo total estimado do projeto acrescido de rentabilidade prevista e impostos.

Tanto para projetos internos como projetos externos, a gestão dos custos se faz sem se considerar as reservas financeiras, que devem ter gestão apartada. Isso se deve por dois motivos: (1) cada organização tem uma política específica de autorização para utilização das reservas; e (2) a análise de desempenho financeiro do projeto em andamento (se incluídas as reservas) ficaria comprometida, pois não se sabe quando os riscos ocorrerão – e se ocorrerão –; consequentemente, é impossível planejar na linha do tempo quando as reservas serão utilizadas.

O produto do planejamento financeiro é um documento detalhado por atividade/aquisição e período – semana ou mês, por exemplo –, pois isso possibilitará o efetivo gerenciamento de custos no projeto e a medição do progresso.

Como exemplo de custos de mão de obra, na Figura 34, é apresentado o cronograma de atividades para aquisição de um dado insumo para o projeto,

Figura 3.4

	Atividade	Profissional	Esforço (horas)	Dia 1	2	3	4	5	6	7	8	9	10
1	Identificar empresas de fornecedores	Analista Jr.	4	■									
2	Solicitar propostas	Comprador Pleno	4		■								
3	Ver qualificações e analisar propostas recebidas	Comprador Pleno	16				■	■					
4	Selecionar as duas melhores propostas	Analista Jr.	8						■				
		Gerente de Projetos	2						■				
5	Negociar	Gerente de Projetos	4							■			
6	Assinar contrato	Advogado	2								■		
7	Receber mercadoria	Recebedor	4										■

Exemplo de cronograma com definição de recursos e esforços

Fonte: o autor.

com duração de dez dias. Nesse cronograma, estão descritos os profissionais que desempenharão as atividades (por cargo), o esforço em horas e quando a atividade ocorrerá na linha do tempo.

O custo-hora de um profissional, é em geral, determinado pela média de salários daquele cargo na organização, acrescido por um fator de benefícios e encargos trabalhista e sociais – por exemplo 80% – dividido por 160 (20 dias úteis vezes 8 horas de trabalho por dia).

Supondo-se que os Analistas Júniores tenham um salário médio mensal de $8.000,00, os Compradores Plenos $12.0000,00, os Gerentes de Projetos e os Advogados $20.000,00 e os Recebedores $4.000,00, o custo-hora seria, respectivamente: $90,00, $135,00, $225,00 e $45,00.

A partir da Figura 35, pode-se identificar o "custo estimado" de cada atividade – multiplicando-se o número estimado de horas pelo valor-hora do cargo designado – e o total do projeto, que é de $5.760,00

Os totais apresentados na horizontal representam os custos estimados de cada atividade. Por exemplo, o custo previsto da Atividade 1 é $360,00, pois teve como base o esforço de quatro horas de um Analista Jr.

Com base nos valores estimados das atividades, o desempenho financeiro do projeto poderá ser avaliado. Por exemplo, se o Analista Jr. designado para executar a Atividade 1 consumir menos de quatro horas, o projeto economizará. Por outro lado, se consumir mais do que foi programado, gastará mais. Diante disso, há a importância de se elaborar estimativas realistas de esforço.

Ademais, se não houver disponibilidade de um Analista Jr. naquele momento e for designado um Analista Sênior para desenvolver a atividade – por exemplo, com custo-hora de $120,00 –, então, se o profissional despender mais de três horas para desenvolver o trabalho, a atividade gastará mais que o previsto – que é $360,00.

Os totais apresentados na vertical da Figura 35 representam os custos estimados por período, no caso, por dia. Esses valores são importantes para o "fluxo de caixa do projeto" – sobretudo quando os períodos forem meses, bimestres ou trimestres – e para a avaliação do desempenho de prazos durante a execução do projeto, conforme o "Passo 6 – Execução e Controle do Projeto".

	Atividade	Profissional	Esforço (horas)	Dia 1	2	3	4	5	6	7	8	9	10	$
1	Identificar empresas de fornecedores	Analista Jr.	4	360,00										360,00
2	Solicitar propostas	Comprador Pleno	4		540,00									540,00
3	Ver qualificações e analisar propostas recebidas	Comprador Pleno	16				1.080,00	1.080,00						2.160,00
4	Selecionar as duas melhores propostas	Analista Jr.	8						720,00					1.170,00
		Gerente de Projetos	2						450,00					
5	Negociar	Gerente de Projetos	4							900,00				900,00
6	Assinar contrato	Advogado	2								450,00			450,00
7	Receber mercadoria	Recebedor	4										180,00	180,00
		Custo Mão de Obra ($)		360,00	540,00	0,00	1.080,00	1.080,00	1.170,00	900,00	450,00	0,00	180,00	5.760,00

Figura 35

Exemplo de cálculo de estimativa de custos de mão de obra no projeto

Fonte: o autor.

Importante:

Gerenciar custos em projetos implica que os profissionais apontem suas horas de trabalho em projetos, para se ter uma efetiva gestão não somente financeira, mas também de conhecimento de esforço despendido para realização das atividades planejadas. A cada projeto realizado e com o conhecimento obtido a partir dele, as estimativas passam a ser mais realistas e mais precisas.

Há organizações que gerenciam somente os custos de aquisições e de respostas aos riscos, não havendo apontamento de horas de seus colaboradores. Essa prática não está errada, porém mostra-se incompleta, pois nunca se saberá o custo efetivo de um projeto realizado.

Para projetos externos, o apontamento de horas é indispensável para saber se a rentabilidade prevista foi atingida ou não.

10 PONTOS RELEVANTES

Passo 3 - Planejamento do Cronograma, dos Recursos e Custos

1. O cronograma é um valioso instrumento de comunicação de projetos que utilizem metodologia preditiva, devendo ser público na organização e constantemente atualizado.
2. Conhecer e monitorar o caminho crítico é fundamental para evitar atrasos no projeto.
3. Se a estimativa de duração de uma atividade ultrapassar duas semanas, recomenda-se dividi-la em atividades com duração menor, para facilitar a avaliação de progresso e permitir uma intervenção em caso de atraso.
4. A descrição de toda atividade deve começar por um verbo no infinitivo, pois indica ação. Toda atividade deve ter um e só um responsável. Em cada atividade do cronograma, deve constar o nome dos participantes, gerando um "sentimento de propriedade" aos profissionais envolvidos.
5. São as pessoas que fazem um projeto acontecer! As pessoas são diferentes e reagem de formas diferentes aos mesmos estímulos e incentivos.
6. Nem sempre o melhor preço em uma aquisição é a melhor opção para um projeto. O ideal é uma combinação ponderada entre avaliação técnica e comercial.
7. Sempre que possível, deve ser feita a especificação de trabalho - ou *Statement Of Work* (SOW) -, que representa o que será contratado, incluindo as entregas, prazos, critérios de aceite e condições contratuais. Uma aquisição equivocada de um componente no projeto poderá levá-lo ao fracasso.
8. A área de aquisições da organização é quem conhece os procedimentos de compras. A área jurídica possui conhecimento (*know-how*) nos variados tipos de contratos e cláusulas. O gerente de projetos e a equipe apoiam as especificações e a avaliação técnica de propostas.
9. "O planejamento financeiro em um projeto substitui o caos por erros!" (Autor anônimo.)
10. As estimativas devem ser efetuadas pelos profissionais mais experientes que têm de estar disponíveis para esta atividade. As estimativas não estão sujeitas à negociação para viabilizar um projeto; melhor é negociar um ajuste no escopo de fornecimento.

PASSO 4

Planejamento da Comunicação e Estratégia de Riscos

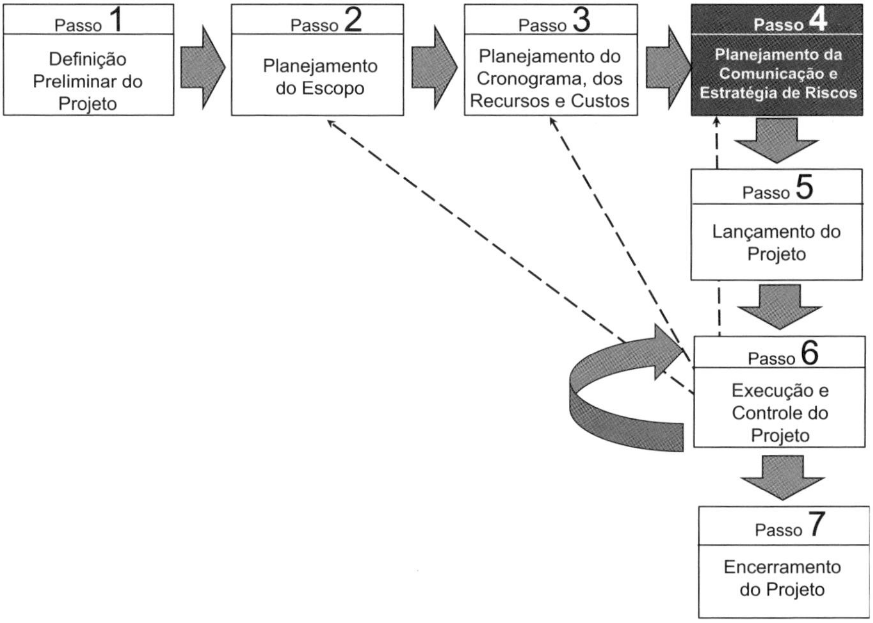

É neste passo que se desenvolve o plano de comunicação do projeto, quando as comunicações aos interessados (*stakeholders*) são planejadas e estruturadas em termos de conteúdo, calendário e outras especificidades. Dessa forma, evita-se que as comunicações no projeto sejam na modalidade "apagar incêndio" devido à ausência de comunicação, ocasionando situações críticas. Além disso, o plano visa manter os envolvidos informados, engajados e comprometidos com o sucesso do projeto.

Quanto aos riscos, tem-se que estes são possíveis eventos que, se transformados em realidade, trarão algum impacto ao projeto, negativo ou positivo. A construção de um plano de gestão de riscos consiste em identificar, analisar, priorizar, elaborar respostas a eles e definir reservas, conforme o "Passo 6 – Execução e Controle do Projeto".

As ações de comunicação no projeto, a definição de respostas aos riscos e as reservas estabelecidas geram informações complementares ao valor estimado do projeto – apurado no passo anterior.

4.1 Comunicação

A comunicação é uma das maiores causas de problemas para o sucesso de um projeto. Não se pode confundir "comunicação em projetos" com "habilidade de comunicação" de um gerente de projetos, pois são temas distintos.

Quando se discute "comunicação em projetos", está se falando em comunicação com as partes interessadas do projeto: patrocinador, equipe do projeto, usuários, fornecedores, mídia e demais envolvidos nele. A comunicação em um projeto engloba muito mais que a habilidade de comunicação do gerente de projetos, mas sobretudo, um plano de comunicação. Nele, planejam-se as comunicações que ocorrerão durante a vida do projeto, contemplando para cada uma, por exemplo, a informação a ser distribuída, o público-alvo, a periodicidade, o meio de comunicação e o profissional responsável pela comunicação.[1]

Por outro lado, a habilidade de comunicação do gerente de projetos é extremamente útil para o projeto – seja escrita ou oral. Um gerente que se comunica bem conduz reuniões executivas e/ou operacionais com eficiência, realiza apresentações do projeto com clareza, estimula os profissionais da equipe, é capaz de redigir comunicados importantes e atas de reunião para as partes interessadas (*stakeholders*) de modo assertivo. Evidentemente, a habilidade pessoal de comunicação do gerente de projetos é algo "necessário"; no entanto, não é "suficiente" – ou seja, um plano de comunicação é que organiza e sistematiza as comunicações do projeto.

1 Composição do plano de comunicação: cada item do plano deve ter como composição o 5W2H (*what, when, where, why, who, how* e *how much*) – ou seja, deve-se saber: o que será informado (*what*); qual a periodicidade da informação (*when*); para onde, a quem se destina a informação (*where*); por que a informação é necessária (*why*); quem será o responsável pela comunicação (*who*); como a comunicação será efetuada (*how*); e qual é custo, caso haja (*how much*).

A principal função de um plano de comunicação é que as comunicações do projeto sejam antecipadamente "planejadas". Isso evita que sejam "reativas", ou seja, que as ações de comunicações ocorram de "última hora" para sanar lacunas de informação, esquecimentos, problemas decorrentes de falta de informação ou mal-entendidos.

4.2 Plano de comunicação

O plano de comunicação deve conter as comunicações previstas no projeto, inclusive, as reuniões de início, de progresso – operacional e executiva – e de finalização do projeto. Outro elemento dele é o Relatório de Progresso de Projeto. É natural que no transcorrer do projeto surjam outras necessidades de comunicação. Cabe ao gerente de projetos saná-las, atualizando o plano de comunicação.

Um plano de comunicação não é algo complexo e longo, mas sim conciso e simples, que pode ser transformado em uma matriz que contém em cada "linha" os itens de comunicação que ocorrerão no transcorrer do projeto e nas "colunas" o detalhamento de cada comunicação (5W2H).

Uma proposta de conteúdo de um plano de comunicação é mostrada esquematicamente na Figura 36.

Figura 36

Plano de Comunicação										
ID	**Título do Comunicado**	**Conteúdo**	**Destinatários**	**Responsável**	**Periodicidade**	**Modalidade (meio)**	**Início**	**Término**	**Custo ($)**	**Observações**
(a)	(b)	(c)	(d)	(e)	(f)	(g)	(h)	(i)	(j)	(k)

Proposta de conteúdo de plano de comunicação
Fonte: o autor.

Assim, dentre os elementos de cada comunicação contida no plano proposto, pode-se citar:

a. **Identificação da comunicação (ID):** representa um número sequencial e único no projeto que identifica a comunicação. Pode ser precedido do prefixo "Com", por exemplo. Assim, tem-se: Com #01, Com #02, Com #03.

b. **Título do comunicado:** título sucinto que define o comunicado com palavras-chave. Atende ao ***why*** (por quê) do 5W2H – por que a informação é necessária.
c. **Conteúdo:** descrição do conteúdo do comunicado e/ou qual seu objetivo. Atende ao ***what*** (o quê) do 5W2H – o que será informado.
d. **Destinatários (receptores):** a quem se destina o comunicado, podendo ser público, geral para os participantes do projeto, específico para algumas áreas ou para um determinado grupo de profissionais. Atende ao ***where*** (onde) do 5W2H – "para onde", ou seja, a quem se destina a informação.
e. **Responsável:** o profissional que deverá coordenar o desenvolvimento do conteúdo, considerando textos, desenhos, imagens e gráficos. Este item inclui também, eventuais traduções que se façam necessárias. Atende ao ***who*** (quem) do 5W2H – quem é o responsável pela comunicação.
f. **Periodicidade:** descreve com qual frequência o comunicado será divulgado (diária, semanal, quinzenal, mensal, bimestral ou única). Atende ao ***when*** (quando) do 5W2H – quando ocorrerá a comunicação.
g. **Modalidade:** descrever o meio (ou os meios) pelos quais o comunicado será efetuado, incluindo reuniões específicas, internet/intranet, e-mail, *site*, *pop-up*, revista, boletim (eletrônico ou impresso), cartazes, faixas, *outdoor*, rádio, TV ou jornal. Atende ao ***how*** (como) do 5W2H – como será feita a comunicação.
h. **Início:** data, marco ou o evento que dispara a comunicação no projeto.
i. **Término:** data, marco ou o evento que cessa a comunicação no projeto.
j. **Custo ($):** representa o custo estimado para esta comunicação, incluindo os materiais – por exemplo, brindes, *folders* e *banners* –, serviços de empresas especializadas, inserções pagas em periódicos, dentre outros. Atende ao ***how much*** (quanto) do 5W2H – quanto custará.
k. **Observações:** alguma informação relevante acerca da comunicação.

Como exemplo, na Figura 37 está o plano de comunicação de um projeto de Implantação de Consultas Médicas *Online* ao Cidadão.

Figura 37

Plano de Comunicação										
Implantação de Consultas Médicas Online ao Cidadão										
ID	**Título do Comunicado**	**Conteúdo**	**Destina-tários**	**Responsável**	**Periodi-cidade**	**Modalidade (meio)**	**Início**	**Término**	**Custo ($)**	**Observações**
Com # 01	Reunião de início	Apresentação do projeto aos participantes	Equipe do projeto	Gerente de projetos	única	Presencial	31 de março		Café da manhã ($ 2 mil)	
Com # 02	Informações do novo serviço	Informações gerais sobre o modo de acesso e serviços oferecidos	Cidadão	Gerente de projetos	diária	Rádio e site da prefeitura (vídeo)	30 dias antes do início da prestação do serviço	60 dias após o início da prestação do serviço	Inserção rádio ($ 30 mil) e vídeo ($ 5 mil)	
Com # 03	Reuniões de progresso de projeto	Reunião com equipe para avaliar nível de adesão do cidadão	Equipe do projeto	Gerente de projetos	semanal	Reunião online	Imediatamente após início da prestação do serviço	A ser definido		Após o primeiro mês, pode passar a ser quinzenal
Com # 04	Relatório de progresso de projeto	Informações sobre o avanço, incluindo indicadores de custos e prazos	Prefeito e Secretário de Saúde	Gerente de projetos	semanal	E-mail	Imediatamente após a realização da reunião de Início			
Com # 05	Divulgação inicial à mídia	Informações gerais sobre o modo de acesso e serviços oferecidos	Mídia	Líder da área médica do projeto	única	Presencial	30 de maio			Local: auditório da prefeitura Se houver contratação de palestrante internacional, custo adicional de US$ 5 mil
Com # 06	Folder de divulgação ao cidadão	Informações gerais sobre o modo de acesso e serviços oferecidos	Cidadão	Coordenador de marketing do projeto	contínua	Folder impresso	Imediatamente após início da prestação do serviço	A ser definido	$ 20 mil	Divulgação nas Unidades Básicas de Saúde (UBSs) e escolas municipais
Com # 07	Boletim informativo à mídia	Divulgação dos resultados parciais do projeto	Mídia	Coordenador de marketing do projeto	semanal	Boletim eletrônico	imediatamente após início da prestação do serviço	a ser definido		

Exemplo de plano de comunicação

Fonte: o autor.

Na formatação de planilhas eletrônicas, é recomendado o uso do estilo "zebrado" (colorir linhas de forma alternada), facilitando, assim, a leitura e atualização da planilha. Esse processo pode ser manual ou automático – por exemplo, através da ferramenta Formatação Condicional do MS-Excel.

4.3 Riscos

Risco é uma **ameaça** que, caso se torne realidade, poderá impactar negativa ou positivamente um projeto, seja em termos de custos, prazo, qualidade, resultados ou outra dimensão. É usual nomear os riscos com impacto positivo de **oportunidades.**[2]

Como o risco é uma incerteza – pois pode ou não se tornar uma realidade –, ele é associado a uma probabilidade que é maior que 0% e inferior a 100%.

0% < probabilidade do risco < 100%

Pode-se notar que os intervalos apresentados são abertos, uma vez que a probabilidade de um risco não pode ser 0% (não existiria o risco), tampouco 100% (o risco já seria realidade, um fato).

Outra variável de um risco é o "impacto" que ele causará, caso se torne realidade. Geralmente, um risco pode trazer, por exemplo, atrasos em um projeto, problemas de qualidade das entregas e aumento nos custos planejados. Em contrapartida, riscos positivos poderiam trazer antecipação nos prazos e redução nos custos planejados.

Os riscos podem ser internos ou externos ao projeto. Os internos são, teoricamente, mais factíveis de serem abordados, pois há um controle maior sobre eles. Os riscos em projetos podem estar associados a aspectos de pessoal, da organização, de tecnologias/ferramentas que serão utilizadas no projeto, de estimativas, de custos, de escopo/requerimentos ou riscos externos. Como exemplos, podem ser citados os:

2 Conceito de riscos: embora conceitualmente os riscos possam impactar positiva ou negativamente um projeto, em geral, atribui-se prioridade ao aspecto negativo dos riscos, visto que ainda há a necessidade de uma maior conscientização e amadurecimento do gerenciamento dos riscos em projetos.

1. **Riscos de pessoal:**
   - perda de profissional-chave para o projeto;
   - salários abaixo do mercado: possibilidade de elevada rotatividade (*turnover*) na equipe do projeto;
   - equipe necessita de treinamento específico: possibilidade de redução/corte na verba;
   - política de congelamento de contratações (*hire freezing*) pode ser imposta a qualquer momento;
   - determinações internas que venham a limitar a realização de horas extras;
   - problemas de idioma com fornecedores, usuários ou com integrantes da equipe.

2. **Riscos da organização:**
   - dificuldades na contratação de profissionais qualificados;
   - área usuária pode resistir a mudanças;
   - patrocinador do projeto com poderes limitados;
   - possíveis mudanças na direção da organização.

3. **Riscos de tecnologias/ferramentas:**
   - tecnologia nova no mercado com poucos usuários;
   - baixa quantidade de profissionais no mercado que conhecem a tecnologia;
   - integração entre tecnologias ainda não foi testada.

4. **Riscos de estimativas:**
   - prazo para conclusão do projeto pode ter sido subestimado;
   - desempenho técnico da tecnologia/ferramenta/*software* pode ter sido superestimado;
   - produtividade da equipe pode ter sido superestimada;
   - atraso da área de desenvolvimento de sistemas pode comprometer entrega final;
   - atraso na entrega de componentes/materiais contratados.

5. **Riscos de custos:**
   - restrições orçamentárias podem impactar substituição de profissionais;
   - restrições orçamentárias podem impactar as aquisições planejadas;

- restrições orçamentárias podem suspender os contratos de prestação de serviços de empresas especializadas com alto valor agregado;
- variações de preços nas aquisições planejadas.

6. **Riscos de escopo/requisitos:**
   - escopo do projeto ainda com algumas indefinições;
   - relação de requisitos passível de muitas alterações;
   - critérios de aceite não-definidos ou irrealistas;
   - integrações sistêmicas não foram suficientemente detalhadas.

7. **Outros (políticos, legais, tributários, sociais e climáticos):**
   - variação cambial;
   - nova legislação que está em processo de aprovação no Congresso;
   - criação de novos impostos ou alteração de alíquota dos existentes;
   - mudança de governo;
   - greve de categoria que afete o progresso do projeto;
   - condições climáticas adversas e impactantes (inundações, neve etc.).

4.4 Avaliação dos riscos

A construção de um plano de gestão de riscos consiste em duas etapas: identificar os riscos e atribuir prioridades a eles para posterior elaboração de um plano de respostas.

4.4.1 Identificação dos riscos

A primeira etapa consiste em identificar os riscos. Isto é feito desde o início do projeto, por meio do TAP ou Canvas (Passo 1 – Definição Preliminar do Projeto). Quando do planejamento do escopo, de elaboração do cronograma, da identificação de necessidade de recursos e das aquisições (Passos 2, 3 e 4), espera-se que outros riscos tenham sido identificados e registrados.

Outra fonte de informação para a identificação dos riscos são as ocorrências de projetos anteriores com ênfase nos projetos similares. Como a identificação de riscos envolve conhecimento pessoal, é oportuno que nesta etapa toda a equipe participe, como por exemplo, através de uma sessão de *brainstorming*, sem juízo de valor e sem autocrítica. Essa prática permitirá que a equipe de projeto identifique uma quantidade significativa de riscos antes de avaliá-los.[3]

Após a sessão de *brainstorming*, o grupo discute os riscos identificados e os já registrados em outras atividades de planejamento do projeto, eliminando as eventuais duplicidades e agrupando aqueles que se complementam, a fim de se criar uma lista inicial de riscos. Todo risco deve ser conciso e claro. Frases ou declarações muito longas podem causar mal-entendidos e problemas de interpretação. As fontes adicionais para identificação dos riscos são os elementos da EAP, a lista de requisitos e as atividades do cronograma.

4.4.2 Priorização dos riscos

Para que os riscos sejam priorizados, recomenda-se que seja calculada a severidade do risco, que é uma decorrência da probabilidade e do impacto.

Como já visto, a **probabilidade** é um percentual que oscila entre 0% e 100% (intervalos abertos). A determinação da probabilidade é um processo subjetivo – e, por vezes, com alguma intuição –, lastreado no conhecimento em referências históricas dos profissionais do projeto. Em geral, utiliza-se a seguinte escala para a probabilidade: 5 (muito alta), 4 (alta), 3 (média), 2 (baixa) e 1 (muito baixa).

O **impacto** deve avaliar as diversas dimensões – como custo, prazo e qualidade, caso o risco de torne realidade. A mesma escala pode ser utilizada: 5 (muito alto), 4 (alto), 3 (médio), 2 (baixo) e 1 (muito baixo).

O produto entre probabilidade e impacto fornece a **"severidade"**, que, ordenada de forma decrescente, indica a prioridade dos riscos no projeto. Há o Método de Mosler, mais utilizado em gestão de riscos corporativos, que

3 *Brainstoming*: *é* um processo que visa a maior coleta de dados, informações e ideias sobre um determinando tema em curto espaço de tempo. Há o *brainstorming* estruturado (cada um tem sua vez de falar, ou deve falar "passo") e o *brainstorming* não--estruturado (cada um fala quando quiser, não havendo uma sequência definida). A vantagem do *brainstorming* estruturado é que pessoas tímidas ou com nível hierárquico mais baixo tenham uma participação maior; por outro lado, a desvantagem é que se o grupo tiver mais de seis ou sete pessoas, a sessão de *brainstorming* poderá se tornar enfadonha. No *brainstorming*, deve haver um facilitador que anotará as ideias em um quadro, *flipchart* ou computador (com projeção para todos), a fim de registrar a coleta que está sendo feita, pois o aspecto visual estimula novas criações. O facilitador poderá participar também. Dois aspectos importantes devem ser levados em conta: (1) não pode haver críticas ou debates das ideias apresentadas, já que isso dispersa o grupo e faz com que a dinâmica do *brainstorming* seja interrompida; e (2) a pergunta inicial do *brainstorming* deve ser clara e específica para que não gere mal-entendidos, interrupção ou perda de dinamismo no processo de coleta de ideias.

trabalha com seis dimensões e que pode ser aplicado a projetos específicos. Na Figura 38, há um exemplo de priorização de riscos com base na severidade.[4]

Severidade = Probabilidade * Impacto

Pela Figura 38, identifica-se como risco prioritário o Risc #02 (Falta de mão de obra para construção do estande), pois o impacto é muito alto (5) e a probabilidade é média (3). Em segundo lugar, aparece o Risc #04 (Dificuldades para reservas em hotel), com alto impacto e média probabilidade. E assim sucessivamente. Para reduzir a subjetividade das atribuições de probabilidade e impacto, recomenda-se que essa avaliação seja efetuada pelos profissionais do projeto mais experientes e/ou com apoio de especialistas em riscos da organização, se houver.

Como a lista de riscos pode ser extensa, a priorização pode auxiliar em um eventual processo de corte, ou seja, o estabelecimento de uma lista de riscos selecionados.

4.5 Elaboração de um plano de respostas aos riscos

Há cinco abordagens para endereçar os riscos priorizados no projeto:

» Evitar (*avoidance*): trata-se da eliminação do risco, devido à sua criticidade. Esta abordagem traz custos elevados para o projeto. Além disso, o excesso na sua utilização pode levar a uma posição conservadora, evitando-se, por exemplo, a inclusão de novas tecnologias, novos materiais ou novos fornecedores;

4 Método de Karl Mosler: esse método, desenvolvido pelo matemático alemão e professor de estatística Karl Mosler, efetua o cálculo da classe do risco com base em seis elementos e não somente probabilidade e impacto. Os seis elementos são: Função (F): nível de gravidade das consequências ou danos; Substituição (S): grau de dificuldade para substituição; Profundidade (P): grau de perturbação à imagem da empresa; Extensão (E): alcance e extensão dos danos; Agressão (A): probabilidade de o evento acontecer; e Vulnerabilidade (V): impacto que pode ser causado. Mosler atribui valores de 1 (menor, baixo, pequeno) a 5 (maior, alto, grande) para cada um desses seis elementos, calculando, então, a magnitude e a probabilidade, dando origem à grandeza do risco (classe do risco), que pode ser muito baixa, pequena, normal, grande ou elevada.

ID	Título	Descrição	Tipo do Risco	**Probabilidade (P)** 5 = muito alta 4 = alta 3 = média 2 = baixa 1 = muito baixa	**Impacto (I)** 5 = muito alto 4 = alto 3 = médio 2 = baixo 1 = muito baixo	**Severidade** (P) * (I)	**Prioridade**
Risc #01	Dimensões do estande fora dos padrões	Espaço para construção do estande pode ficar menor que o planejado	Requisitos	2	5	**10**	**3**
Risc #02	Falta de mão de obra para construção do estande	Ainda não há profissionais identificados e credenciados na cidade para construção do estande	Rec. Humanos	3	5	**15**	**1**
Risc #03	Não conseguir passagens aéreas na classe econômica	Dificuldades em encontrar passagens aéreas na classe econômica para equipe de expositores	Custos	3	1	**3**	**5**
Risc #04	Dificuldades para reservas em hotel	Eventos concorrentes durante o período na cidade podem trazer dificuldades nas reservas de hotel	Custos	3	4	**12**	**2**
Risc #05	Variação cambial constante	Câmbio do euro frente ao real tem variado nos últimos meses	Estimativas	3	3	**9**	**4**

Figura 38

Exemplo de priorização de riscos pela severidade

Fonte: o autor.

» Transferir (*transference*): transferir o ônus do risco para terceiros. Não elimina o risco, apenas há cobertura financeira para ele, caso se torne realidade;
» Mitigar (*mitigation*): são ações para reduzir a severidade do risco, ou seja, ações que reduzam a probabilidade do risco se tornar realidade e/ou o reduzir o impacto caso isso aconteça;[5]
» Aceitar (*acceptance*): esta abordagem, em geral, refere-se aos riscos de baixa severidade. Há duas modalidades de aceitação do risco: forma ativa e passiva. A ativa é quando há um plano de contingência que é disparado se o risco se tornar realidade. A passiva é quando a ação é totalmente reativa, sem prévio plano sobre o risco; grosso modo, pode ser traduzido por: "sabemos que existe o risco, não vamos fazer nada e esperar para ver o que acontece";
» Escalar (*escalate*): quando o risco está fora da alçada do gerente de projetos, sendo escalonado para níveis hierárquicos superiores.

As respostas (ações definidas) devem conter prazos, estimativas de custos e responsáveis para sua execução. Todos os custos envolvidos devem fazer parte das estimativas de custos do projeto. Isso se deve ao fato que as ações, se aprovadas, serão realizadas independentemente do risco se tornar realidade ou não. Por exemplo, caso se opte por fazer um seguro (abordagem "transferência"), o custo do seguro – chamado de prêmio – deverá ser pago de forma incondicional: ocorra ou não o sinistro.

Na Figura 39, é apresentada uma tradução das abordagens dos riscos com impacto negativo para os riscos com impacto positivo (oportunidades).

Em uma análise mais detalhada de cada risco, pode-se substituir o conceito de "severidade" – que é o produto de probabilidade pelo impacto – pelo de valor esperado. O **valor esperado** é um produto entre a probabilidade (neste caso, o percentual) e o impacto (no caso, valor financeiro). O valor esperado

[5] Mitigar: significa reduzir, diminuir, decrescer. Algumas respostas aos riscos reduzem a probabilidade de ele ocorrer e/ou reduzem o impacto, caso se torne realidade. Por exemplo, o risco de um veículo sofrer um acidente em uma viagem interestadual. Se a resposta for "efetuar uma revisão prévia no veículo", a probabilidade de se envolver em um acidente será menor (mecânica e pneus seguros), porém, o impacto permanecerá inalterado, caso o acidente ocorra. Se a resposta ao risco for "instalar cintos de segurança pré-tensionados", a probabilidade de ocorrer o acidente permaneceria a mesma, mas caso ocorresse, o impacto (ao motorista e passageiros) seria amenizado. Se a resposta for "viajar durante o dia, respeitando o limite de velocidade durante toda a viagem", haveria redução da probabilidade de acidente e de menor impacto, caso ocorresse.

também é chamado de Esperança Matemática ou Expectância, sendo utilizado para tomar decisões em situações de incerteza.[6]

Figura 39

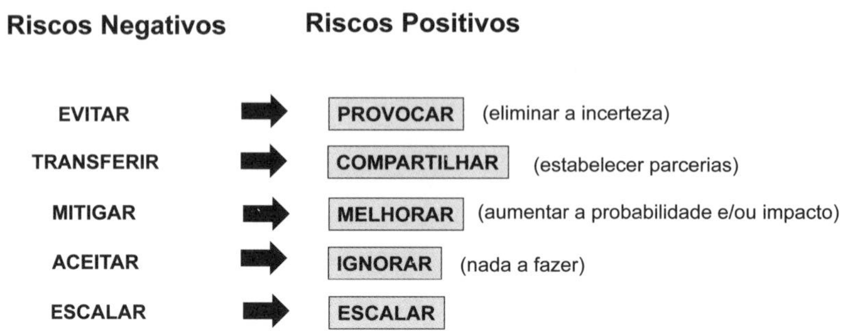

Equivalência de abordagem de riscos negativos e riscos positivos (oportunidades)

Fonte: o autor.

Por exemplo, supondo que a probabilidade Risc #04 da Figura 38 – "Dificuldades para reservas em hotel" – seja de 15% e o impacto financeiro no caso de não se conseguir realizar as reservas seja de \$200.000,00, então o valor esperado seria de \$30.000,00 (decorre de 15% de \$200.000,00).

A seguir, são apresentadas três utilizações do valor esperado:

» **Tomada de decisão:** o valor esperado permite decidir se é mais conveniente responder ao risco ou aceitá-lo. Se o custo das respostas a um determinado risco for superior ao valor esperado, pode-se "aceitar" o risco; caso contrário, deve-se "responder". Por exemplo, uma possível resposta ao Risc #04 da Figura 38 –"Dificuldades para reservas em hotel" – seria efetuar reservas em um hotel situado em uma cidade próxima, sendo que os preços nesta cidade somam \$220.000,00 e o transporte dos expositores da cidade de hospedagem até o centro de exposições está na faixa de \$4.000,00. Assim, o custo das respostas seria de \$24.000,00 (decorre de acréscimo

6 Valor esperado: é similar ao que uma seguradora de veículos faz quando realiza o seguro de um veículo. Com base na probabilidade de furto e no valor do veículo, é calculado o valor-base do prêmio. Por exemplo, se um determinado tipo de veículo com valor de \$150.000,00 tem 1,5% de probabilidade de furto, então o valor esperado será de \$2.250,00, base para a seguradora determinar o valor do prêmio. Evidentemente, a empresa adiciona uma margem de rentabilidade ao valor a ser pago pelo cliente.

de $20.000,00 no preço do hotel e $4.000,00 de transporte). Assim, é vantajoso agir com a abordagem "eliminar" o risco, pois $24.000,00 é menor que $30.000,00, que é o valor esperado calculado anteriormente.

» **Priorizar riscos:** pode-se utilizar o valor esperado de forma decrescente como modo de priorização dos riscos, em substituição à severidade.
» **Determinar a reserva de contingência:** uma das possibilidades para o cálculo da reserva de contingência é o somatório dos valores esperados de todos os riscos do projeto. No exemplo apresentado, se a opção fosse "aceitar o risco", os $30.000,00 ficariam na reserva de contingência, que poderia ser utilizada ou não. Ressalta-se que, como os riscos positivos (oportunidades) têm sinal negativo no valor do impacto financeiro, isso ocasiona redução na reserva de contingência.

4.6 Reservas

Em projetos, há duas reservas: a de contingência e a gerencial. A primeira é destinada aos riscos identificados no projeto, enquanto a segunda para os riscos não-identificados. As organizações têm políticas específicas para cálculo e utilização destas reservas; por isso, elas devem ser acrescidas aos custos do projeto, porém, não fazem parte da linha de base de custos do projeto para apuração do desempenho de custos durante a execução.

Pode-se calcular o valor da reserva de contingência de três formas:

1. Valor fixo: em geral, são valores pré-estabelecidos em função do tipo de projeto e complexidade. Esse método se aplica quando uma organização realiza continuamente projetos similares, tendo conhecimento histórico de situações de imprevistos e soluções.
2. Percentual do valor do projeto: com base nas variações observadas ao longo do tempo entre valores planejados e valores reais dos projetos executados, há organizações que definem um percentual de acréscimo com base no valor do projeto, como: 5%, 8% e 10%.
3. Somatório dos valores esperados dos riscos.

Atribuir-se um valor aleatório pode ser algo excessivo ou insuficiente para um projeto. Assim, superdimensionar a reserva de contingência poderá inviabilizar a execução de um projeto, e subdimensioná-la pode fazer com que o projeto apresente problemas financeiros durante sua realização, sobretudo para projetos de inovação.

Há autores que, por garantia, recomendam que, para projetos externos (realizados por empresas prestadoras de serviços junto a clientes), seja determinado como valor da reserva de contingência o dobro do somatório dos valores esperados dos riscos e que este tenha entre 25% e 50% do somatório dos impactos financeiros apurados dos riscos como valor mínimo.

4.7 Plano de gestão de riscos

O plano de gestão de riscos é uma matriz contendo os riscos nas linhas e os atributos nas colunas. Um plano deve ser periodicamente atualizado – por exemplo, mensalmente –, pois será base para a gestão de riscos no "Passo 6 – Execução e Controle do Projeto". Entretanto, há três condições que acionam uma atualização pontual no plano: quando um novo risco é identificado, quando um risco deixa de existir (não pode mais ocorrer ou se já se tornou realidade) ou quando existe alguma mudança no projeto.[7]

Um plano de gestão de riscos deve conter, para cada risco:

a. identificação do risco;
b. título do risco;
c. descrição do risco;
d. tipo do risco;
e. data de inclusão;
f. responsável;
g. probabilidade (de 5 a 1);
h. impacto (de 5 a 1);
i. severidade;
j. prioridade;
k. probabilidade (%);
l. impacto financeiro ($);
m. valor esperado ($);
n. respostas ao risco;
o. custos estimados das respostas ($);
p. *status* do risco;
q. data de encerramento;
r. tipo de encerramento;
s. observações;
t. data da última atualização.

[7] Coordenador de riscos: alguns projetos, em função do elevado nível de complexidade, podem ter um profissional dedicado exclusivamente à gestão de riscos.

Detalhamento do plano de gestão de riscos:

a. **Identificação do risco:** representa um número sequencial e único no projeto, que identifica o risco de modo singular. Pode ser precedido do prefixo "Risc", por exemplo. Assim, tem-se: Risc #01, Risc #02, Risc #03.
b. **Título do risco:** um pequeno texto que identifica o risco, por meio da utilização de algumas palavras-chave. Sempre que possível, deve ser apresentado o "gatilho", ou seja, quando o risco se torna realidade. Por exemplo, "Falta de energia elétrica por período superior a duas horas", isto é, o "gatilho" tem tempo superior a duas horas. Dessa forma, as respostas planejadas somente serão acionadas após esse período.
c. **Descrição do risco:** o detalhamento do risco de forma clara e objetiva.
d. **Tipo do risco:** a causa do risco, que pode ser: pessoal, organização, tecnologia/ferramentas, estimativas, custos, escopo/requisitos ou fatores externos. Há casos em que um risco tem mais de uma causa, por isso recomenda-se que se coloquem todas associadas àquele risco.
e. **Data de inclusão:** representa a data na qual o risco foi identificado e incluído no plano.
f. **Responsável:** é o "dono do risco", o responsável por atuar naquele item. Não é necessariamente o gerente de projetos, pois pode ser um integrante da equipe ou profissional de outra área. Nesse caso, o responsável pelo risco deve ser constantemente indagado pelo gerente de projetos acerca das estratégias, do *status* e das ações em curso.
g. **Probabilidade (de 5 a 1):** embora subjetiva, a atribuição deve contar com a contribuição e experiência do gerente de projetos e da equipe. Escala: 5 = muita alta, 4 = alta, 3 = média, 2 = baixa e 1 = muito baixa. Serve exclusivamente para cálculo da severidade e, consequentemente, da priorização dos riscos.
h. **Impacto (de 5 a 1):** representa o nível do dano causado pelo risco caso se torne realidade. A vivência profissional e *background* do gerente de projetos e da equipe são fundamentais para atribuição do valor. Escala: 5 = muito alto, 4 = alto, 3 = médio, 2 = baixo e 1 = muito baixo. Serve exclusivamente para cálculo da severidade e, consequentemente, da priorização dos riscos.
i. **Severidade:** produto entre probabilidade (de 5 a 1) e impacto (de 5 a 1). O número é utilizado para priorização dos riscos, podendo ser avaliado conforme mostrado na Figura 40.

de 20 a 25: muito alta
de 10 a 19: alta
de 5 a 9: média
de 3 a 4: baixa
de 1 a 2: muito baixa

Figura 40

		PROBABILIDADE				
		Muito baixa (1)	Baixa (2)	Média (3)	Alta (4)	Muito alta (5)
IMPACTO	Muito alto (5)	**5**	**10**	**15**	**20**	**25**
	Alto (4)	**4**	**8**	**12**	**16**	**20**
	Médio (3)	**3**	**6**	**9**	**12**	**15**
	Baixo (2)	**2**	**4**	**6**	**8**	**10**
	Muito baixo (1)	**1**	**2**	**3**	**4**	**5**

Qualificação dos riscos em função da severidade
Fonte: adaptado de Costa (2018).

j. **Prioridade:** número sequencial atribuído de acordo com a severidade, de modo decrescente.
k. **Probabilidade (%):** é o percentual que indica a probabilidade do risco se tornar realidade, após as ações de mitigar (risco negativo) ou melhorar (risco positivo), por isso, pode ser chamada de "probabilidade revisada". Não há fórmula para efetuar o cálculo, pois há um grau de subjetividade envolvido e de dependência da experiência e intuição do gerente de projetos e da equipe;
l. **Impacto financeiro ($):** representa o impacto do risco em termos financeiros caso se torne realidade. Embora haja diferentes unidades de impacto – dias de atraso, aumento nos custos, qualidade inferior à planejada – para ser possível efetuar a comparação de riscos, deve-se utilizar uma mesma unidade. No caso, a unidade que é comum a todos os riscos é a financeira (monetária). Este é mais um item complexo para ser calculado, não existindo fórmula matemática ou algoritmo específico. A vivência profissional e *background* do gerente de projetos e da equipe são fundamentais para realizar esta estimativa. No caso de riscos positivos (oportunidades), esse valor deve ser expresso com sinal negativo.

m. **Valor esperado ($):** é o produto entre probabilidade (%) e o impacto financeiro ($). Pode ser utilizado na formação da reserva de contingência e como elemento para determinação de prioridade de riscos (equivalente à severidade), ou seja, quanto maior o valor esperado, maior será a prioridade atribuída para o risco.
n. **Respostas ao risco:** as respostas que serão dadas ao risco e quais abordagens serão adotadas (evitar, transferir, mitigar, aceitar ou escalar, para riscos negativos). Para riscos positivos, as abordagens serão: provocar, compartilhar, melhorar, ignorar ou escalar.
o. **Custos estimados das respostas ($):** somatório dos custos das respostas e que devem compor o custo estimado do projeto.
p. ***Status* do risco:** aberto ou fechado.
q. **Data de encerramento:** data em que o risco foi encerrado.
r. **Tipo de encerramento:** um risco pode ser encerrado "por deixar de existir" (o risco não pode mais ocorrer) ou "por ter se transformado em realidade". Essa informação é importante para efeitos de lições aprendidas.
s. **Observações:** é para registro de alternativas e ações já identificadas, planos já elaborados, dados históricos, evolução das ações.
t. **Data da última atualização:** é o registro da data em que a última atualização foi efetuada. É oportuno que a revisão seja efetuada pelo gerente de projetos ou coordenador de riscos com a participação dos mais experientes profissionais que integram a equipe do projeto. Caso esses profissionais estejam geograficamente dispersos, pode-se utilizar a Técnica Delphi.[8]

[8] Técnica Delphi: esta técnica é utilizada para se obter consenso sobre um determinado assunto de forma anônima. Um facilitador solicita opiniões aos especialistas no assunto que fazem parte de sua equipe. Ao receber as respostas, consolida-as e as reencaminha novamente, a fim de se obter novas opiniões. Após algumas rodadas, o consenso é obtido de forma anônima, em que todos participam e não há vieses hierárquicos ou autoritários, eliminando-se a influência ou pressão que uma pessoa poderia exercer sobre outra.

10 PONTOS RELEVANTES

Passo 4 - Planejamento da Comunicação e Estratégia de Riscos

1. A comunicação é uma das mais representativas causas de problemas em projetos!
2. Um plano de comunicação não é complexo. É uma planilha simples, porém de elevada importância para o projeto.
3. As reuniões - de início, de progresso, executivas e de encerramento - devem fazer parte do plano de comunicação.
4. O Relatório de Progresso de Projeto é periódico e deve fazer parte do plano de comunicação.
5. A comunicação é planejada e não um conjunto de reações emergenciais em resposta à ausência de informações.
6. Considerar que um projeto não tem riscos é enganar a si próprio e aos outros também!
7. Todo projeto deve ter um plano de gestão de riscos, que deve ser atualizado até o encerramento do projeto.
8. Todo projeto deve ter uma reserva de contingência para atender total ou parcialmente os custos decorrentes dos riscos que se tornarão realidade.
9. Os valores das reserva de contingência e reserva gerencial devem ser acrescidos aos custos do projeto, porém não fazem parte da linha de base de custos do projeto para apuração do desempenho de custos durante a execução.
10. Àqueles que refutam a necessidade de gestão de riscos em projetos, vale relembrar a Lei de Murphy: "Se algo pode dar errado, com certeza dará. E acontecerá na pior hora, de forma a causar o maior estrago possível".

PASSO 5

Lançamento do Projeto

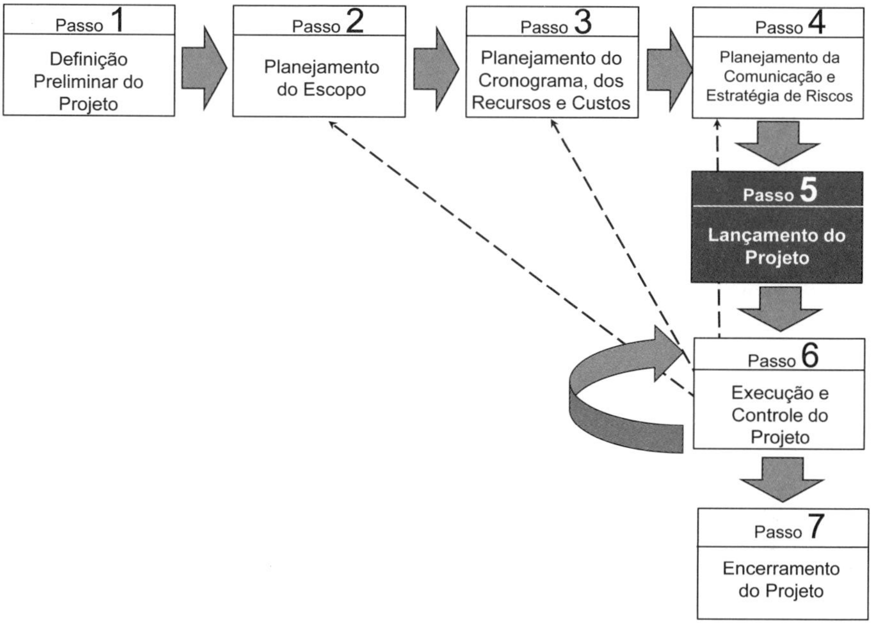

A execução de um projeto é precedida pela mobilização da equipe, pelos comunicados que divulgam o projeto e os benefícios esperados, criando um ambiente propício para seu lançamento. Com isso, os integrantes do projeto passam a ter um "sentimento de propriedade" para com o projeto, comprometendo-se e, muitas vezes, sentindo-se orgulhosos por participarem dele.

Todas as condições de infraestrutura identificadas previamente – salas de trabalho, equipamentos, criação de e-mails específicos e outras demandas – devem ser providenciadas com antecedência.

A mobilização e amplitude da reunião de início depende do nível de complexidade do projeto. Evidentemente, projetos simples e com equipe reduzida podem ter uma reunião mais rápida e mais objetiva, visando equalizar o conhecimento do projeto e as expectativas. Todavia, para projetos externos (vendidos a clientes) ou projetos internos que envolvam terceiros, essa reunião deve ser formal e documentada.

Na reunião de início, com a presença obrigatória dos patrocinadores do projeto, do gerente de projetos – já designado – e, opcionalmente, de um representante do PMO, são apresentados os objetivos do projeto, os benefícios esperados, as entregas, os critérios de aceite e os principais artefatos gerados na fase de planejamento (Passos 2, 3 e 4), como: organograma, matriz de responsabilidades, EAP, cronograma e os riscos já priorizados.

5.1 Organograma, matriz de responsabilidades e cronograma preenchidos

Antes da reunião de início – também chamada de reunião de lançamento ou *Kickoff Meeting* –, caberá ao gerente de projetos complementar o preenchimento de pelo menos três artefatos: organograma, matriz de responsabilidades e cronograma **com os nomes dos profissionais que integram a equipe do projeto.** Isso possibilita que cada profissional conheça de forma clara suas responsabilidades, entregas, períodos de atuação, a quem se reporta no projeto e seus colegas da equipe.

Para projetos externos, a complementação do organograma com o nome dos profissionais visa apresentar às organizações – prestadora de serviços e cliente – e aos integrantes do projeto a hierarquia estabelecida em cada organização e os canais de comunicação que se estabelecem, conforme estrutura espelhada, apresentada no "Conceito 8 – Estrutura organizacional de um projeto: organograma".

Recomenda-se que no lançamento de um projeto esteja presente toda a equipe – inclusive os profissionais de outras localidades – e que este seja registrado através de um evento social, como um "café da manhã", ou mesmo uma confraternização. A alternativa de participação remota é mais conveniente em termos de custos e de tempo de locomoção – todavia, uma análise de custo-benefício deve ser considerada.

Projetos que têm o cidadão como beneficiário podem contar com a presença da mídia escrita e/ou televisiva, visando iniciar o processo de comunicação do projeto com a sociedade. É um momento oportuno também para se coletar depoimentos – preferencialmente, em vídeo – dos patrocinadores, gerente de projetos, coordenadores, equipe do projeto e potenciais usuários, pois estes materiais podem ser utilizados no futuro como sendo uma base histórica documentacional de expectativas que havia acerca do projeto. Evidentemente, a divulgação desses vídeos requer uma autorização formal dos envolvidos para uso de voz e imagens com explícita finalidade.

5.2 Aspectos da comunicação no projeto

As datas das futuras reuniões de progresso – operacionais e executivas – devem ser divulgadas na reunião de início, conforme plano de comunicação previamente elaborado.

Os procedimentos que serão utilizados no projeto para lançamento de horas e prestação de contas de despesas efetuadas – políticas de viagem, incluindo: adiantamentos, emissão de passagens, reembolsos, valores-limite de refeições, uso de aplicativos de transporte e aluguéis de veículos – devem ser explicados de forma detalhada, sobretudo se o projeto contar com a participação de profissionais com pouca ou nenhuma vivência na organização.

Nessa reunião, devem ser esclarecidos os processos que nortearão a vida do projeto, como a avaliação de desempenho dos profissionais (periodicidade e responsável), a alteração de escopo e os registros de lições aprendidas.

É indispensável uma cuidadosa preparação desta reunião e utilização de material estruturado e de elevadíssima qualidade, pois o gerente de projetos cria neste momento uma referência (*mindset*) de qualidade para os integrantes da equipe acerca das entregas que ocorrerão no projeto.

Para projetos multipaíses com participantes com idiomas distintos, torna-se necessário que se defina um idioma para o projeto – e se haverá tradução para outro idioma ou não –, sendo que isso deve ser informado na reunião de início. Nesse caso, há necessidade de gerenciamento de múltiplos fusos horários para realização das reuniões, além do conhecimento prévio de feriados locais e das rotinas diárias dos profissionais dos países participantes do projeto (horário de trabalho, horário de almoço, hábito de "pontes" entre feriados e finais de semana). Isso demonstra respeito e cuidado com os valores e os aspectos culturais e comportamentais dos integrantes da equipe do projeto.

10 PONTOS RELEVANTES

Passo 5 - Lançamento do Projeto

1. A reunião de início é um comunicado oficial para toda a organização.
2. Preferencialmente, toda equipe deve estar presente na reunião de início, estabelecendo conexão entre os profissionais, estimulando a interação e propiciando um sentimento de pertencimento.
3. As orientações apresentadas na reunião de início trazem clareza e esclarecimento, facilitam o dia a dia dos profissionais no projeto e evitam mal-entendidos. Essa reunião é um investimento!
4. A matriz de responsabilidades e o organograma apresentados na reunião de início evidenciam a cada integrante do projeto qual é sua atuação e suas responsabilidades.
5. O cronograma detalhado auxilia a equipe no planejamento de viagens e em suas atividades pessoais.
6. Os materiais apresentados na reunião de início devem ter altíssima qualidade: eles são referência para o projeto.
7. Uma comemoração ao final da reunião propicia um ambiente acolhedor e sinérgico.
8. As áreas de Comunicação e Marketing devem ser convidadas para a reunião de início, pois podem contribuir na divulgação interna e externa do projeto.
9. Depoimentos e fotos são registros importantes para divulgação do projeto.
10. A presença dos patrocinadores é indispensável no lançamento do projeto.

PASSO 6

Execução e Controle do Projeto

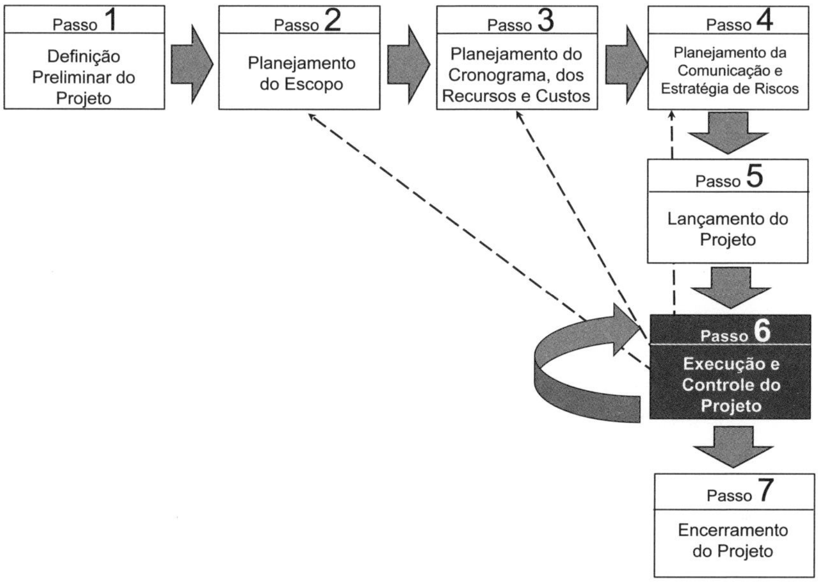

É neste passo que ocorre a execução e controle do projeto, sendo um processo repetitivo, evidenciado pela flecha à esquerda na figura que caracteriza esse ciclo. Os planos devem ser constantemente atualizados em função do progresso do projeto, a fim de refletir a situação corrente, como indicam as linhas pontilhadas com destino aos Passos 2, 3 e 4.

6.1 Visão geral

As principais funções desse processo repetitivo englobam (não se limitando a):

- **Monitorar o progresso do projeto:** monitoramento e gestão do cronograma e da qualidade das entregas, cabendo ao gerente de projetos tomar ações corretivas caso sejam identificados desvios na qualidade esperada ou nos prazos planejados, sobretudo nas atividades que compõem o caminho crítico do projeto.
- **Realizar e documentar as reuniões:** as reuniões periódicas que foram planejadas e que constam no plano de comunicação – sejam as operacionais, as executivas ou as emergenciais – devem ser realizadas e, sobretudo, documentadas para que haja registro das decisões tomadas e das ações definidas nas reuniões; neste caso, sempre com indicação de responsável e prazos. O registro de lições aprendidas pode ser efetuado no transcorrer de qualquer reunião do projeto.
- **Efetuar a gestão dos riscos, das aquisições e dos custos:** o gerente de projetos, em conjunto com a equipe, deve monitorar as ações de prevenção e/ou de mitigação de riscos, disparar as ações de contingência – quando necessárias –, gerenciar os contratos com fornecedores, os custos do projeto e as reservas financeiras.
- **Efetuar a gestão dos profissionais do projeto:** como líder, o gerente de projetos deve manter a equipe atualizada e informada por meio de reuniões e comunicados, fornecendo orientações individuais precisas do trabalho a ser desenvolvido, com *feedbacks* constantes e avaliação periódica de desempenho. Os conflitos com a equipe, fornecedores e outros envolvidos no projeto devem ser geridos pelo gerente de projetos.
- **Gerenciar o escopo e as mudanças:** as alterações, inclusões e até mesmo exclusões de requisitos no projeto devem ser avaliadas quanto ao impacto que causará antes de sua aceitação, por isso, o processo de análise e avaliação é essencial para quem utiliza a metodologia preditiva na gestão de projetos.
- **Elaborar e divulgar o Relatório de Progresso de Projeto devidamente qualificado:** periodicamente, conforme definido no plano de comunicação, o Relatório de Progresso de Projeto deve ser elaborado e distribuído às partes interessadas do projeto, mediante critérios previamente

definidos. Esse relatório deve conter indicadores chamados de *Key Performance Indicators* (KPIs) de várias dimensões, como custos, prazos, riscos, qualidade e comunicação, de modo que o avanço do projeto possa ser qualificado – desempenho real comparado ao planejado.

6.2 Gestão do cronograma e dos prazos

Realizar a gestão do cronograma e dos prazos de um projeto é um dos maiores desafios para um gerente de projetos, pois muitas variáveis impactam o cronograma em andamento de forma negativa. Dentre elas, destacam-se:

- mudanças não autorizadas no escopo do projeto;
- identificação de novos riscos;
- atrasos em entregas de produtos/serviços de fornecedores;
- ausências de profissionais da equipe do projeto (faltas, treinamentos não programados, problemas de saúde, férias não planejadas e licenças);
- produtividade aquém da esperada;
- atrasos decorrentes de estimativas subdimensionadas;
- adiamento do início de fase no projeto por problemas administrativos;
- atividades subavaliadas em termos de complexidade;
- atuação de recursos sem as habilidades e conhecimentos necessários;
- perda ou substituição de profissionais-chave.

Na execução do projeto, o acompanhamento constante do cronograma é tarefa primordial do gerente de projetos, pois, com base nessa gestão, devem ser tomadas decisões junto ao patrocinador e à equipe do projeto. Conhecer e administrar o caminho crítico e os impactos causados no cronograma pelos riscos são requisitos mínimos para a gestão dos prazos do projeto. Os *softwares* de elaboração de cronograma podem contribuir significativamente para a gestão, mas a intervenção humana é essencial nessa etapa, sobretudo pelo conhecimento da situação corrente no projeto.

Qualquer alteração no cronograma – incluindo mudanças de estimativas de esforço para conclusão de atividades e substituição de profissionais para a execução dos trabalhos planejados – causa impacto direto no plano financeiro do projeto, que caminha *pari passu* com o cronograma e seus componentes.

6.2.1 Duas técnicas importantes: compressão e paralelismo

Algumas técnicas permitem comprimir os prazos do cronograma de um projeto, sendo as mais usuais a compressão (*crashing*) e o paralelismo (*fast tracking*).

Compressão (*crashing*): consiste em aumentar a quantidade de recursos para a execução de uma atividade, visando reduzir o tempo de sua duração – sobretudo as atividades contidas no caminho crítico, com o menor aumento de custos possível. As limitações de execução e de gerenciamento precisam ser consideradas no estudo pelo gerente de projetos.

Paralelismo (*fast tracking*): consiste em alterar a lógica do cronograma, paralelizando – mesmo que parcialmente – atividades planejadas como sequenciais de modo a reduzir o tempo de execução. No entanto, o risco de execução do projeto torna-se maior. Na Figura 41, há um exemplo disso.

Figura 41

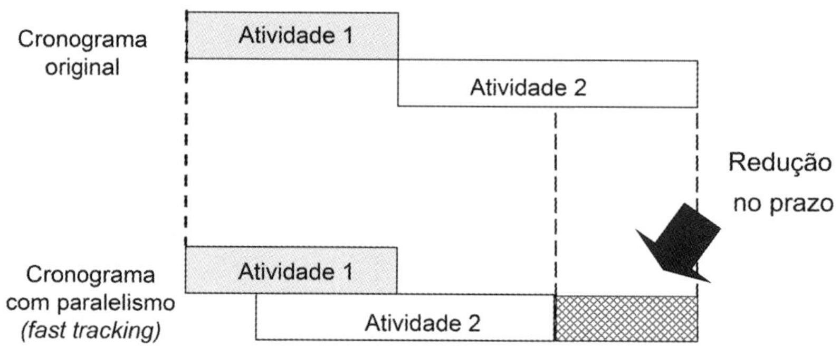

Exemplo de paralelismo (*fast tracking*)
Fonte: o autor.

Pela Figura 41, pode-se identificar o cronograma original e o cronograma com paralelismo. Quando se paraleliza as Atividades 1 e 2 (que deveriam ser sequenciais), tem-se a redução no prazo mostrada na parte hachurada. Evidentemente, nem sempre é possível usar tal técnica – e, mesmo quando isso possível, o risco aumenta.

6.2.2 Medição do trabalho realizado, Índice de Desempenho de Prazos (IDP) e prazo agregado

É difícil medir "quanto foi realizado do projeto", pois tem-se três tipos de atividades: iniciadas, não iniciadas e concluídas. Quanto às atividades iniciadas, nem sempre é fácil efetuar uma medição de "quanto" foi realizado da atividade, já que pode haver alguma subjetividade nessa avaliação. Para as atividades não iniciadas, poder-se-ia afirmar que "nada foi realizado"; porém, se é uma atividade que estava prevista para um período já passado, deve-se avaliar qual é o impacto para as atividades dependentes e que ainda estão para ser iniciadas. Já para as atividades concluídas, é necessário saber se a conclusão ocorreu antes ou após a previsão, a fim de se conhecer o impacto positivo ou negativo no cronograma do projeto.

É nesse contexto que surge o Índice de Desempenho de Prazos (IDP) – também chamado de *Schedule Performance Index* (SPI) –, que mede "a velocidade" com que o projeto avança com base no planejamento.

O IDP compara o trabalho realizado no período frente ao trabalho planejado no período. Assim, se for feito mais trabalho que o planejado, o indicador apontará situação favorável. Todavia, se o trabalho efetuado no período for menor que o planejado, o indicador apontará situação desfavorável, e se o trabalho realizado for exatamente o mesmo que o planejado, o indicador indicará uma posição neutra.

Na seção "A-2 Gestão de prazos" – contida no Apêndice A –, há a apresentação do IDP com fórmulas e exemplos, além de restrições e possibilidades de projeção de prazos para encerramento do projeto com base no desempenho corrente. Nesse mesmo apêndice, na seção "A-4 Prazo Agregado e Variação de Prazo Agregado", é apresentado o conceito de prazo agregado, que, embora não seja um indicador propriamente dito, apresenta a posição do projeto da linha do tempo frente ao que foi planejado.

6.3 Gestão da comunicação, das reuniões e atas

O plano de comunicação deve ser monitorado constantemente no projeto, não somente quanto à sua execução, mas também em relação à sua atualização, uma vez que "novas comunicações" podem se mostrar necessárias ao projeto e que não foram previstas originalmente. Ademais, cabe ao gerente de projetos definir se as comunicações que foram encerradas no projeto devem permanecer ou não no plano de comunicação. A vantagem em se manter todas as comunicações no plano é que possibilita uma visão holística e histórica do mesmo em curso. Por outro lado, a eliminação das comunicações já encerradas faz com que o plano se restrinja aos itens ativos, facilitando a leitura e gestão.

6.3.1 Indicador de desempenho da comunicação

É aconselhável que a comunicação seja monitorada periodicamente – por exemplo, quinzenal ou mensalmente, dependendo da duração estimada para o projeto. Mesmo sabendo que, avaliar e mensurar a comunicação seja algo complexo, recomenda-se que haja um indicador que demonstre a situação atual e o progresso ao longo do tempo.

Um indicador de comunicação pode ser calculado com base em uma lista de verificação (*checklist*) respondido periodicamente pelo gerente de projetos. Nela, deverão constar, dentre outras, questões acerca da realização e documentação de reuniões de progresso, atualização e divulgação do cronograma do projeto, se os profissionais do projeto têm instruções adequadas para realizar seus trabalhos e se têm recebido *feedbacks*. Para cada resposta positiva, é atribuída uma pontuação que, comparada com uma escala pré-definida, indicará se a comunicação no projeto está adequada ou se há lacunas que deverão ser analisadas e endereçadas pelo gerente de projetos.

Na Figura 42, há um exemplo de apresentação de um indicador de comunicação de um projeto por período, a fim de evidenciar sua evolução ou involução.[1]

Como se pode notar pela Figura 42, a comunicação na primeira quinzena estava qualificada como vermelha (5,0 pontos de um máximo de 10,0), melhorou um pouco na segunda quinzena, passando para amarela, com 7,0 pontos. Na terceira quinzena, decaiu novamente e, na quarta quinzena, obteve uma significativa melhoria, passando à condição verde (8,5 pontos), possivelmente como resultado de ações efetivas realizadas.

1 Indicador de comunicação: em outra publicação desta editora, o autor apresenta, na obra *Indicadores de Gerenciamento de Projetos* (2025), uma proposta para esse indicador – intitulado Indicador de Planejamento e Efetividade da Comunicação (IPEC) – com questões binárias, pontuações, pesos e faixas de qualificação (verde, amarela e vermelha), a fim de medir o planejamento das comunicações no projeto e o andamento da execução das ações planejadas. Nessa mesma obra, são apresentados outros indicadores de gestão de projetos, além da sistemática e critérios para criação de indicadores específicos para as necessidades das organizações.

Figura 42

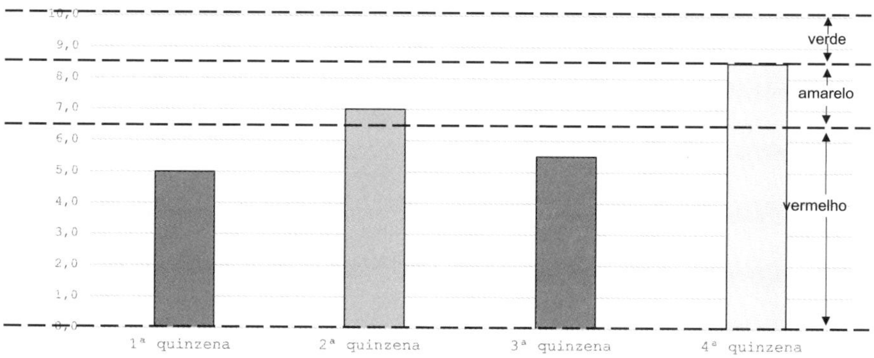

Exemplo de apresentação de indicador de comunicação qualificado

Fonte: o autor.

6.3.2 Atas de reunião (conteúdo, formato e distribuição)

As atas de reunião são importantes documentos de um projeto, pois registram as **decisões tomadas** na execução do projeto, além das eventuais **ações pendentes**. As atas, se corretamente utilizadas, podem se transformar em úteis ferramentas de apoio ao gerente de projetos. Além disso, são elementos de possível auditoria – interna e externa – e evidência de governança na área de projetos.

Para projetos internos de baixa complexidade, em que se acredite que a ata seria algo excessivamente burocrático, pode-se fazer simplesmente um "pró-memória" com registros das decisões e pendências, sendo distribuído por e-mail ou aplicativo de mensagem instantânea aos participantes. O importante é que haja algum registro, pois tem caráter, sobretudo, de esclarecimento e entendimento único.

As atas devem ser confeccionadas tanto para as reuniões executivas como para as reuniões operacionais, devendo ser criteriosamente elaboradas para que sejam sucintas, porém registrando tudo o que for relevante e necessário. Três aspectos são fundamentais quanto às atas de reunião de projeto: conteúdo, formato e distribuição.

Quanto ao **conteúdo**, uma ata de reunião deve ter como registro as informações básicas da reunião, as decisões e as pendências (itens de ação).

Recomenda-se a utilização de planilhas eletrônicas, com a seguinte estrutura: para cada reunião, uma aba contendo os dados básicos e uma única aba (para todas as reuniões) para a lista de decisões e pendências, conforme a Figura 43.

Figura 43

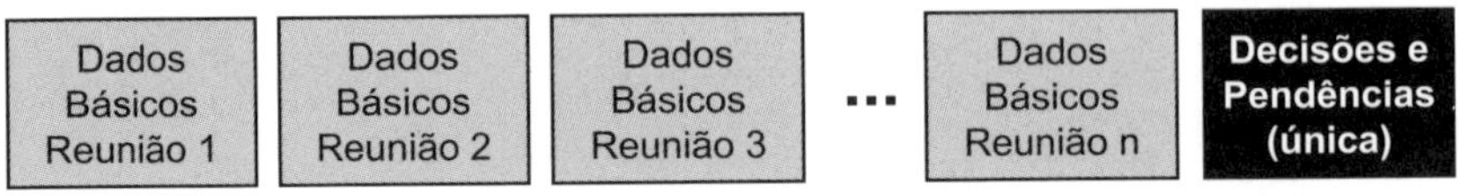

Arquivo único com as reuniões do projeto (abas de planilha eletrônica)

Fonte: o autor.

Como dados básicos, entende-se: data, local, horário de início e de término, participantes da reunião (com nome da organização), relator, pauta e lista de distribuição. Como ocorrem várias reuniões em um projeto – são recorrentes –, é recomendável que sejam numeradas como, por exemplo, Operacional #01, Operacional #02, Executiva # 01 e assim sucessivamente.

Recomenda-se que as listas de participantes e de distribuição tenham os nomes apresentados em ordem alfabética, evitando-se, dessa forma, qualquer conotação de hierarquia ou privilégio. Ademais, os nomes devem ser seguidos por uma sigla (iniciais do nome e sobrenome), a fim de facilitar a citação padronizada destes profissionais nos itens relativos às pendências na ata. Há um modelo apresentado na Figura 44.

Quanto ao **formato**, geralmente, as atas de reunião são padronizadas nas organizações, preferencialmente, registradas por meio de planilhas eletrônicas, pois as informações devem ser de fácil acesso e com possibilidades na utilização de filtros, ordenação dinâmica de itens e criação de indicadores, com possibilidade de visualização gráfica. Dessa forma, a ata deixa de ser um "registro" passivo para se transformar em uma "ferramenta de gestão".

As decisões tomadas na reunião devem ser documentadas na modalidade de "DEC" (decisão), pois passam a ter validade processual – e, por vezes, norteiam a elaboração de aditivo contratual, para projetos externos. As "DEC" devem ser numeradas, a fim de facilitar a identificação, possibilitando referenciá-las de forma rápida e objetiva.

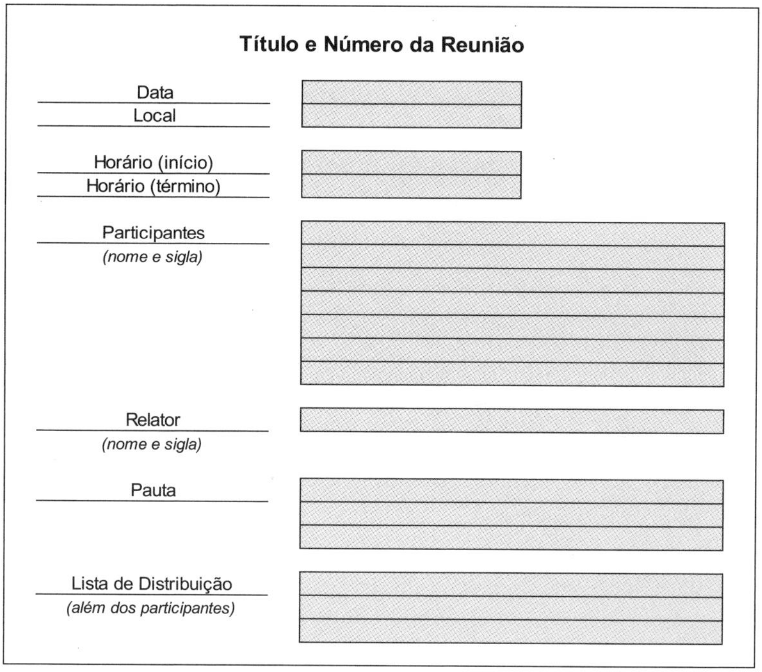

Figura 44
Dados básicos de uma ata de reunião
Fonte: o autor.

As ações (pendências) devem ser documentadas com as informações: título, breve descritivo, data da inclusão, responsável, data de encerramento prevista (original), data de encerramento prevista (revisada), data de encerramento (real) e *status* (a ser iniciada, em progresso, suspensa, cancelada ou concluída). De forma análoga às "DEC", as "PEND" também tem de ser numeradas. Tanto as "DEC" (decisão) como as "PEND" (pendência) devem ter uma numeração sequencial e única durante toda a vida do projeto, permitindo a rastreabilidade, conforme a Figura 45.

Pela Figura 45, identifica-se três agrupamentos distintos: A, B e C. Para as decisões, somente os campos que compõem o Grupo A devem ser preenchidos. É importante destacar que a "data de inclusão" identificará quais participantes estiveram na reunião e tomaram a respectiva decisão, pois haverá uma aba com os dados básicos dessa reunião.

Quando de uma pendência, os campos dos Grupo A e B (informações sobre as ações) devem ser preenchidos, sendo que os campos do Grupo C devem ser automaticamente calculados na planilha eletrônica: dias em aberto (para as pendências ainda não concluídas), dias em atraso (para as pendências não iniciadas ou em andamento, mas que já tiveram o prazo previsto ultrapassado) e dias despendidos para a conclusão (para pendências concluídas).

Figura 45

A				B						C		
Identificação (DEC ou PEND)	Número	Descrição	Data de Inclusão	Histórico	Responsável	Data Conclusão Prevista (original)	Data Conclusão Prevista (revisada)	Data de Conclusão Real	*Status*	Dias em Aberto	Dias em Atraso	Dias Despendidos para Conclusão

Aba única com as decisões e pendências do projeto

Fonte: o autor.

Ao se iniciar uma nova reunião do projeto – antes da efetiva discussão da pauta –, deve-se debater e atualizar as pendências ainda não concluídas.[2]

O uso de planilhas eletrônicas permite que se utilize "filtros" das pendências – por exemplo, pela sigla do nome por responsável pela ação –, que se classifique itens por datas ou por *status*, além de possibilitar a criação de gráficos acerca das pendências, como itens concluídos, em andamento e atrasados. Adicionalmente, gráficos como os da Figura 46 podem ilustrar a composição das pendências.[3]

[2] Controle de pendências: para que a aba "Decisões e Pendências" contenha todos esses elementos do projeto, ressalta-se que, eventuais decisões tomadas e pendências geradas fora do ambiente de reuniões sejam registradas nessa aba com as devidas observações pertinentes, mantendo-se, assim, o histórico do projeto em uma única aba para facilitar a gestão e o controle.

[3] Formatação de datas: embora a formatação usual de datas seja dia/mês/ano, é recomendável que datas passíveis de ordenação sejam apresentadas no formato numérico e nesta sequência: ano/mês/dia. Desta maneira, qualquer ordenação das datas (crescente ou decrescente) funcionará a contento.

Figura 46

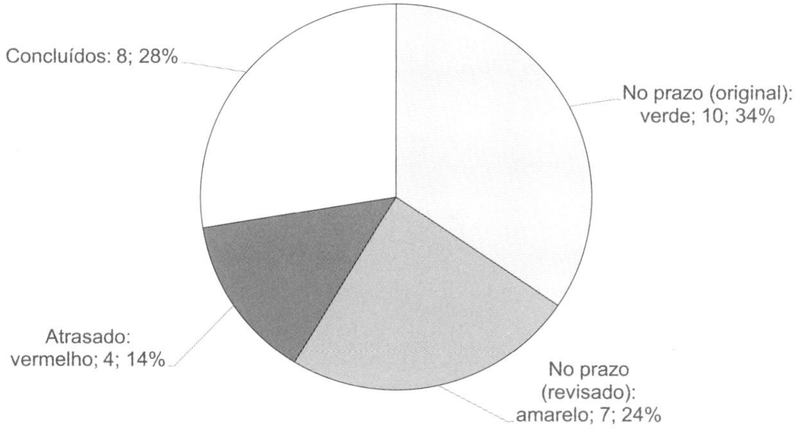

Exemplo de sumário das pendências contidas em uma ata de reunião

Fonte: o autor.

Por exemplo, na Figura 46, pode-se identificar que:

» há 8 itens concluídos, representando 28%;
» há 10 itens em andamento, no prazo original (qualificação "verde"), representando 34%;
» há 7 itens no prazo, mas que já foram replanejados, ou seja, tiveram a data prevista de conclusão postergada (qualificação "amarela"), representando 24% dos itens;
» há 4 itens atrasados (replanejados ou não) com qualificação "vermelha", representando 14% dos itens.

Quanto à **distribuição**, recomenda-se que a ata seja elaborada imediatamente após a reunião e que seja distribuída em seguida.

Na distribuição, é recomendado que seja concedido um prazo para contestações – por exemplo, dois dias úteis – e que seja esclarecido que, em caso de não manifestação, a ata é considerada aceita por todos. Esse procedimento traz agilidade e reduz atividades de controle que não agregam valor.

Para projetos externos, um ponto que pode ser relevante em um projeto é "assinaturas em atas de reunião", pois as atas podem formalizar a intenção de alteração em itens de contrato ou mudanças de escopo do projeto, cuja validade passa a ser efetiva através de assinatura de aditivo contratual e demais documentos legais necessários. Dessa forma, em geral, as reuniões executivas – pelo poder decisório e força que têm – deveriam ser sempre assinadas pelas partes, a fim de evitar que pontos acordados e pactuados entre as partes não se transformem em futuros itens de discussão e eventual litígio.

6.3.3 Registro de lições aprendidas

Durante a execução de um projeto, há pouca disponibilidade de tempo para o registro de lições aprendidas, pois a prioridade é a execução das atividades que geram e controlam a qualidade das entregas. Assim, recomenda-se que um dos itens de pauta das reuniões operacionais seja "Lições Aprendidas", ou seja, que se discuta rapidamente se no período houve algum aprendizado que mereça ser registrado. Em caso afirmativo, pode-se designar um participante do projeto para realizar o registro após a reunião.

Esse registro pode ser qualificado por "rascunho", dado que a qualificação e a avaliação da lição e seus desdobramentos será feito em outro momento pelo Escritório de Projetos (PMO). Por isso, o importante é "efetuar o registro" para reter a informação decorrente da situação vivenciada no projeto.

6.3.4 Uso de e-mail

O gerente de projetos deve ficar atento para o uso adequado de e-mails no projeto, pois, se por um lado é um instrumento rápido, útil e seguro de comunicação, por outro, o uso excessivo pode trazer um distanciamento com a equipe de projeto.

De qualquer modo, é responsabilidade do gerente de projetos dosar e orientar sua equipe quanto ao uso dessa ferramenta, enfatizando alguns aspectos básicos, que por vezes são negligenciados:

- **Título:** deve ser curto, contundente e atualizado (sempre que necessário);
- **Destinatário:** a quem é solicitada a ação ou é feito o pedido;
- **Copiados:** os que devem ser informados da ação solicitada;
- **Cópia oculta ou cega:** a utilização desta característica só deve ser feita para evitar criação de listas de e-mails (potenciais *spam*); qualquer outra abordagem de cópia cega pode ser inconveniente ou discutível do ponto de vista ético;

- **Conteúdo:** devem ser evitados textos longos; a mensagem deve ter, preferencialmente, dois parágrafos, sendo que, no primeiro, a contextualização e, no segundo, a solicitação;
- **Saudação final:** breve e formal.

6.3.5 Uso de aplicativos de mensagens instantâneas

A criação de grupos em aplicativos de mensagens instantâneas pode agilizar a comunicação em projetos. Todavia, algumas precauções devem ser consideradas, pois pode levar a um excesso de informações, opiniões e comentários. Ademais, a pulverização excessiva de informações pode fazer com que profissionais recebam informações fora de sua alçada de responsabilidade.

6.4 Gestão dos riscos, aquisições e custos

6.4.1 Gestão dos riscos

Os riscos em um projeto são dinâmicos em todos os sentidos, visto que riscos deixam de existir, riscos não identificados durante o planejamento do projeto surgem, as probabilidades aumentam ou diminuem – em função de fatos aleatórios e/ou de ações intencionais advindas da execução do projeto – e o impacto financeiro também pode se alterar dependendo da fase corrente do projeto e de ações preventivas. Assim, efetuar o controle dos riscos e manter o **plano de gestão de riscos** atualizado tornam-se elementos essenciais no processo de gestão de riscos.

O plano deve ser monitorado e atualizado periodicamente, com a frequência que tenha sido definida no planejamento ou de modo pontual, conforme a necessidade. As mudanças no plano devem ser realizadas pelo responsável pela sua atualização (gerente de projetos ou coordenador de riscos do projeto) sempre que algo relevante tenha ocorrido no contexto de riscos, como a implementação de planos de respostas aos riscos, a definição de novos procedimentos preventivos ou no caso de iminências de riscos se tornarem realidade.

As reservas financeiras – de contingência e gerencial – são geridas em conformidade com as políticas da organização, não fazendo parte de linha de base de custos do projeto.

Nessa fase, indicadores de gestão podem ser utilizados a fim de se verificar se os riscos estão sendo efetivamente gerenciados, além de indicadores que possibilitam identificar se o nível de exposição do projeto durante sua execução tem diminuído ou não.[4]

6.4.2 Gestão das aquisições

As aquisições planejadas no projeto (mão de obra, materiais, equipamentos, serviços) exigem contínuo controle nas entregas realizadas pelos fornecedores, a fim de verificar se os prazos e os padrões de qualidade estão sendo atendidos, incluindo-se a elaboração de relatórios de desempenho para distribuição ao patrocinador do projeto e áreas envolvidas. As inspeções e auditorias devem obedecer aos procedimentos administrativos e de governança vigentes na organização.

A gestão de contratos de fornecedores inclui controles de qualidade, pagamentos e aplicação de bônus ou penalidades – caso haja condições de *Service Level Agreement* (SLA) pactuadas entre as partes.[5]

Todas as alterações de fornecimento devem ser previamente documentadas, avaliadas e aprovadas, pois impactam os custos, a qualidade e o cronograma do projeto.

Em casos de projetos externos, o faturamento da empresa de prestação de serviços junto ao cliente pode estar vinculado a entregas, medições, períodos pré-determinados e marcos (*milestones*) do projeto (conclusão de fases ou etapas). Sempre que possível, deve-se vincular o pagamento a fornecedores ao recebimento de clientes, o que se convenciona chamar de condição *back-to-back*, ou seja, eventos consecutivos de recebimento (do cliente) para, em seguida, efetuar o pagamento (ao fornecedor).

[4] Indicador de gestão de riscos: em outra publicação desta editora, o autor apresenta, na obra *Indicadores de Gerenciamento de Projetos* (2025), uma proposta para esse indicador intitulado Indicador de Gestão de Riscos (IGR), com questões utilizando a Escala de Likert, pontuações, pesos e faixas de qualificação (verde, amarela e vermelha), a fim de medir a efetividade da gestão de riscos no projeto em andamento. Nessa mesma publicação, são apresentados outros indicadores de gestão de projetos, além da sistemática e critérios para criação de indicadores específicos para as necessidades das organizações.

[5] SLA: a sigla tem origem nas iniciais de *Service Level Agreement* – que significa Acordo de Nível de Serviço (ANS) –, aplicável, sobretudo, para fornecimentos recorrentes em um projeto. O SLA determina um desempenho esperado do fornecedor e que, com base em resultados reais, pode ser a base para pagamento de bonificações, aplicação de penalidades e mesmo rompimento contratual de forma motivada.

6.4.3 Gestão dos custos

A gestão de custos é primordial tanto para projetos internos como para projetos externos. Nesse caso, embora a empresa tenha receita com base nos custos planejados e como a maioria dos contratos é de preço fixo, se a empresa prestadora de serviços não gerenciar adequadamente os custos no projeto, parte da rentabilidade prevista – ou toda ela – será consumida pelo eventual acréscimo incorrido nos custos.

Aqui é apresentado o modelo de gestão de custos simplificado, pelo **plano de trabalho atualizado.** No Apêndice A – Análise de Valor Agregado, é demonstrado o modelo de gestão de custos pela Análise de Valor Agregado.

Um erro comum de profissionais pouco experientes é gerenciar os custos de um projeto por meio de dois valores: orçamento do projeto e quanto foi gasto até o momento. Isso não é gerenciamento de custos, apenas é uma verificação de quanto do orçamento foi consumido. Grosso modo, pode-se dizer que "apontamento de custos" não é gestão – simplesmente não se está gerenciando, ou seja, "o barco está à deriva".

A proposta de gestão de custos pelo plano de trabalho atualizado é muito simples, não exigindo cálculos matemáticos complexos, apenas as operações de soma e subtração.

Nesse modelo, temos quatro componentes:

- **Valor Planejado (VP):** é o valor que foi planejado para o projeto, incluindo os custos da mão de obra interna e aquisições. Ele permanece inalterado durante toda a vida do projeto, exceto caso haja alguma alteração de escopo aprovada e autorizada pelo patrocinador.
- **Custos Reais (CR):** é o valor que se gastou até a data. Em geral, ele é oriundo de algum sistema de informação da organização.
- **Estimativa Para Terminar (EPT):** esse é o valor estimado para conclusão do projeto. Esse valor é sempre recalculado com base no cronograma e nas aquisições faltantes. Por isso, via de regra, é apurado com periodicidade semanal, quinzenal ou mensal.[6]
- **Estimativa No Término (ENT):** esse valor é calculado com base nos Custos Reais (CR) acrescidos da Estimativa Para Terminar (EPT) e tem a seguinte fórmula:

6 Estimativa Para Terminar (EPT): esse valor é apurado com base "no que falta realizar" para completar o projeto. Atenção: um erro comum é apurar esse valor pela subtração dos Custos Reais (CR) do Valor Planejado (VP). O resultado não apresenta a EPT, mas sim o saldo do orçamento!

ENT = CR + EPT

Para se diagnosticar como o projeto progride em termos de custos, deve-se comparar a Estimativa No Término (ENT) com o Valor Planejado (VP), levando em consideração as seguintes possibilidades:

» **ENT > PV:** indica que o projeto será concluído com custos superiores ao planejado, ou seja, gastará mais que o planejado;
» **ENT < PV:** indica que o projeto será concluído com custos inferiores ao planejado, ou seja, economizará;
» **ENT = PV:** indica que o projeto será concluído exatamente com os custos planejados. Uma condição pouco comum.

Deve-se destacar quatro pontos:

1. **Desvio:** é dado pela fórmula:

Desvio = PV - ENT

Quando positivo, representa que o projeto economizará; quando negativo, indica que gastará acima do planejado; quando zero, indica que será encerrado exatamente como planejado em termos de custos.

2. **Desempenho em custos:** quando o projeto não está bem em termos de custos (ENT > PV), exige-se do gerente de projetos uma avaliação da situação atual, das causas que causaram e das que estão causando os desvios, para que possa estabelecer ações para tentar eliminar ou pelo menos, reduzir o desvio.[7]
3. **Ações:** a análise das causas-raiz dos desvios deve fornecer subsídios para as ações corretivas ou mitigadoras no projeto.

[7] Desvios: podem ser causados por falhas nas estimativas de planejamento ou problemas na execução. Como falhas de planejamento, pode-se citar: esforços para realização de atividades subdimensionados, quantitativo nas aquisições apurado de modo equivocado e recurso planejado sem as competências necessárias. Em contrapartida, como problemas na execução, tem-se: a necessidade de retrabalho em função de baixa qualidade na execução das atividades, a substituição de um recurso por outro sem o mesmo nível de conhecimento e o atraso de entregas de fornecedores.

4. **Tradução para língua inglesa:** como há muitos materiais e publicações em inglês, na Figura 47, é mostrada uma lista de equivalência dos termos utilizados.

Figura 47

Nome	Sigla	*Name*	*Acronym*
Custos Reais	CR	Actual Costs	AC
Estimativa No Término	ENT	Estimate At Completion	EAC
Estimativa Para Completar	EPT	Estimate To Complete	ETC
Valor Planejado	VP	Planned Value	PV

Tradução de termos relacionados à gestão de custos pelo plano de trabalho para língua inglesa

Fonte: o autor.

A título de exemplo, a Figura 48 mostra a gestão de custos pelo plano de trabalho atualizado, considerando-se o planejamento de custos de um projeto, com cinco atividades.

Figura 48

Atividade	Valor Planejado (VP)
#1	2.000,00
#2	8.000,00
#3	6.000,00
#4	15.000,00
#5	9.000,00
Total	40.000,00

Planejamento de custos das atividades de um projeto

Fonte: o autor.

Pode-se imaginar que, em um dado momento da execução do projeto, apurou-se os custos já incorridos (CR) e o gerente de projetos efetuou uma análise do plano de trabalho, avaliando o que ainda precisa ser realizado ao ter estimado os custos atualizados (EPT). Em seguida, ele calculou a estimativa de custos no término do projeto (ENT = CR + EPT), conforme a Figura 49.

Figura 49

Atividade	Valor Planejado (VP)	Custos Reais (CR)	Estimativa para Completar (EPT)	Estimativa no Término (ENT = CR + EPT)
#1	2.000,00	1.800,00	0,00	1.800,00
#2	8.000,00	9.000,00	0,00	9.000,00
#3	6.000,00	5.000,00	3.000,00	8.000,00
#4	15.000,00	12.000,00	3.000,00	15.000,00
#5	9.000,00	0,00	9.000,00	9.000,00
Total	40.000,00	27.800,00	15.000,00	42.800,00

Situação financeira de cada atividade e do projeto

Fonte: o autor.

Pode-se analisar cada atividade no projeto:

Atividade	Interpretação
#1	Está encerrada (EPT = $0,00) e economizou $200,00, pois o planejamento era $2.000,00 e gastou somente $1.800,00 para sua realização.
#2	Está encerrada (EPT = $0,00) e gastou $1.000,00 além do planejado que era $8.000,00.
#3	Está em andamento, já tendo gastado $5.000,00 e estima-se que ainda gastará $3.000,00. Como o Valor Planejado da atividade é $6.000,00, pode-se concluir que, se nada for feito para alterar a situação - negociar com fornecedores, reduzir o esforço de trabalho para conclusão, utilizar recursos com custos menores ao planejado -, esta atividade deverá gastar $2.000,00 além do que havia sido planejado.
#4	Caminha exatamente como planejado, pois gastou $12.000,00 e estima gastar mais $3.000,00, tendo como valor planejado $15.000,00.
#5	Não iniciada, pois não há custos incorridos (CR = $0,00); não houve replanejamento, porque o EPT é igual ao VP.

Quanto ao projeto que tem como Valor Planejado $40.000,00, embora os custos incorridos sejam de apenas $27.800,00, a ENT de $42.800,00 indica que o limite será ultrapassado, pois as estimativas para conclusão do que ainda precisa ser feito totalizam $15.000,00. Isso significa que se não houver ações para reverter este cenário, o projeto será concluído com $42.800,00 ($27.800,00 + $15.000,00), ou seja, $2.800,00 acima dos custos orçados (decorre de VP – ENT, logo, desvio de -$2.800,00).

Nesse exemplo, não houve necessidade de apresentar o Valor Planejado do projeto detalhado por período – por exemplo, semanas ou meses –, uma vez que a análise efetuada foi exclusivamente de desempenho de custos, e não de prazos. Evidentemente, caso quisesse comparar o fluxo de caixa planejado e o fluxo de caixa real, esse detalhamento seria necessário.

6.5 Gestão de pessoas

Realizar a gestão dos profissionais em um projeto é, provavelmente, a tarefa mais importante e mais complexa para o gerente de projetos, pois envolve variáveis que transcendem sua determinação, vontade, empenho e conhecimento.

A gestão de recursos humanos envolve a habilidade que o gerente de projetos tem em identificar as necessidades de recursos e elaborar o planejamento para, em seguida – apoiado ou não pelo gerente de recursos (caso exista esta função na organização) –, identificar e alocar os profissionais com conhecimento e *expertise* para o desenvolvimento das atividades planejadas, orientar para a realização do trabalho, apoiar, monitorar a qualidade das entregas e dar *feedback*.

A gestão de pessoas em um projeto tem como vertente primordial a execução de atividades. Por isso, a matriz de responsabilidades e o contrato individual – abordados nas seções 3.6 e 3.7 deste livro, respectivamente –, com registros dos objetivos de atuação de cada profissional no projeto, tornam-se em elementos primários nesta área. Todavia, pessoas não são máquinas! Há aspectos particulares de cada um que devem ser conhecidos e considerados pelo gerente de projetos, pois impactam a produtividade e a qualidade das entregas geradas pelos profissionais. Entre esses itens, pode-se citar: os aspectos motivacionais, as áreas de interesse de desenvolvimento profissional, a interação com a equipe, a forma de se relacionar com outros profissionais, o local de trabalho, valores pessoais, sua história de vida (vivências), seu estilo de comunicação e as características de personalidade.

Assim, o gerente de projetos deve orientar o profissional de sua equipe quanto ao trabalho a ser desenvolvido, acompanhar a execução (qualidade e tempo) e dar *feedbacks* quanto ao trabalho realizado. Ademais, as necessidades de treinamento identificadas e planejadas devem ser executadas.

É notório que, além de habilidades técnicas de gerenciamento de projetos, o líder deve ter desenvolvidas habilidades comportamentais de autogestão e de gestão de relacionamentos. No trabalho de Goleman e Boyatzis, identificam-se quatro domínios e doze competências, conforme a Figura 50. Os dois primeiros domínios referem-se à inteligência intrapessoal – autoconsciência e autogestão – e os dois outros dois domínios à inteligência interpessoal – consciência social e gestão de relacionamento.

Quando apresentadas as doze competências da inteligência emocional, fica evidente a importância das habilidades comportamentais de um gerente de projetos, com ênfase nas quatro de autogestão:

- o "autocontrole emocional", pois o gerente de projetos sofre constantes pressões das partes envolvidas durante a execução do projeto;
- a "adaptabilidade", porque há exigências de flexibilização a novas situações (não se está falando de escopo!);
- a "orientação à realização" que é intenção e vontade de realizar as entregas planejadas no projeto;
- a "perspectiva positiva", que incentiva, estimula e apoia sua equipe com otimismo.

Figura 50

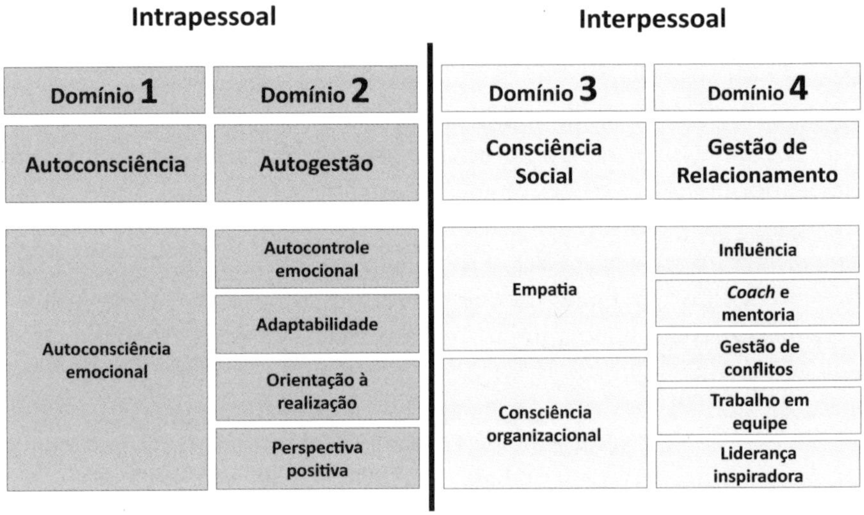

Domínios e competências da inteligência emocional
Fonte: traduzido e adaptado de Goleman e Boyatzis (2017).

Quanto às competências da inteligência interpessoal, destacam-se outras quatro:

- a "empatia", que é a capacidade de entender o que os outros sentem;
- a "mentoria", sobretudo dos profissionais menos experientes que atuam no projeto;
- o "trabalho em equipe";
- a "gestão de conflitos".

No ambiente de projetos, o surgimento de conflitos é algo natural, inevitável e, por vezes, positivo. Os conflitos decorrem da escassez de recursos, da atribuição de prioridades, de discordância acerca de técnicas e metodologias, de estilos únicos de trabalhar e de interesses pessoais. Saber gerenciar conflitos traz produtividade e melhora as relações de trabalho da equipe.

Com base nas políticas da organização, o gerente de projetos deve utilizar os instrumentos de reconhecimento e premiação para destacar a atuação superior à esperada – seja na qualidade ou no tempo de execução de importante iniciativa – de modo individual ou para um conjunto de profissionais que atua em determinada frente de trabalho do projeto. No entanto, esse reconhecimento deve ser justo, criterioso e consistente com a elevada atuação profissional da pessoa ou do grupo.

O paradigma permanece inalterado: toda premiação ou elogio deve ser "feito em público", criando uma cultura que valoriza os excelentes desempenhos e comportamentos, e as críticas devem ser apresentadas de "modo isolado" ao profissional, evitando-se qualquer situação de constrangimento e possibilitando o estabelecimento de um diálogo aberto e construtivo entre as partes.

A avaliação de desempenho dos profissionais do projeto deve ser efetuada periodicamente e ao final do projeto. O conjunto de avaliações de um profissional com atuação em vários projetos possibilita que se tenha uma visão holística e completa de seu desempenho, constituindo-se em importante instrumento de trabalho do gerente de recursos ou da área de Recursos Humanos, a fim de avaliar criteriosamente os méritos e as promoções semestrais ou anuais.

Resumindo, o gerente de projetos, em termos processuais, tem quatro responsabilidades com os profissionais que atuam no projeto:

1. fornecer completas instruções de trabalho, preferencialmente com materiais visuais (esquemas, desenhos, fluxos), pois somos "visuais";
2. efetuar o controle da qualidade das entregas dos profissionais e dar *feedbacks* sobre o desempenho e comportamento;
3. efetuar avaliações de desempenho, conforme periodicidade e políticas em vigência na organização;
4. aplicar, sempre que possível, as políticas de reconhecimento e premiação.

Além disso, o gerente de projetos deve criar um ambiente saudável, integrado e de confiança, que estimule a criatividade – tendo as competências da inteligência emocional desenvolvidas e a comunicação assertiva como "pano de fundo" de sua liderança.

6.6 Gestão do escopo e de mudanças

As mudanças são usuais nos projetos e podem ter várias origens, como: novos requisitos que são solicitados durante a execução do projeto, novas necessidades de negócios são consideradas, novas exigências legais, novas expectativas de envolvidos no projeto, falhas de planejamento identificadas na execução do projeto e particularidades observadas nos processos de validação do produto/serviço que está sendo gerado.

Ao se utilizar metodologias ágeis, as mudanças em um projeto em andamento são mais fáceis de serem implementadas em função da própria flexibilidade de requisitos, que é inerente da metodologia. Com a metodologia preditiva, as mudanças identificadas como necessárias pela equipe ou solicitadas pelo cliente/usuário devem ter um processo formal de documentação e aprovação.

A primeira ação do processo é o solicitante descrever sua necessidade, justificando-a. Essa descrição pode ser simples ou complexa, dependendo do nível de alteração. De qualquer modo, recomenda-se que sempre sejam mencionados os benefícios vindouros, pois isso estimula a reflexão do solicitante em termos de "real necessidade da mudança", e não simplesmente um desejo pessoal.

A ação seguinte do processo é o gerente de projetos e equipe efetuarem uma análise da importância da solicitação e avaliar o impacto para o projeto nas dimensões: custos, prazos, riscos e qualidade. Por vezes, uma mudança pode afetar a produtividade da equipe, o andamento de outros projetos e comprometer a disponibilidade de recursos. Deve-se lembrar que os custos de mudanças aumentam significativamente quando o projeto se aproxima do final.

Quando se fala em análise da importância de uma solicitação, entende-se uma qualificação categorizada em: necessária, desejável ou irrelevante.

Com base na solicitação, na análise de importância e na avaliação de impacto no projeto em execução – devidamente justificados e documentados –, tem-se a terceira ação do processo: aprovação. Caberá ao patrocinador ou um comitê de controle de mudanças decidir por aceitar, postergar ou rejeitar a solicitação.

No caso de projetos externos, caso a solicitação tenha origem na demanda do cliente, a empresa prestadora de serviços deverá apresentar uma proposta de trabalho complementar – com preços e prazos adicionais. Todavia, se a demanda tem como causa-raiz uma falha da empresa prestadora de serviços – por exemplo, erro de planejamento –, pode-se tentar negociar com o cliente ou assumir os custos da mudança, que certamente impactarão a rentabilidade do projeto. Na Figura 51, há um esquema das ações que compõem o processo de submissão, avaliação e aprovação de mudanças.

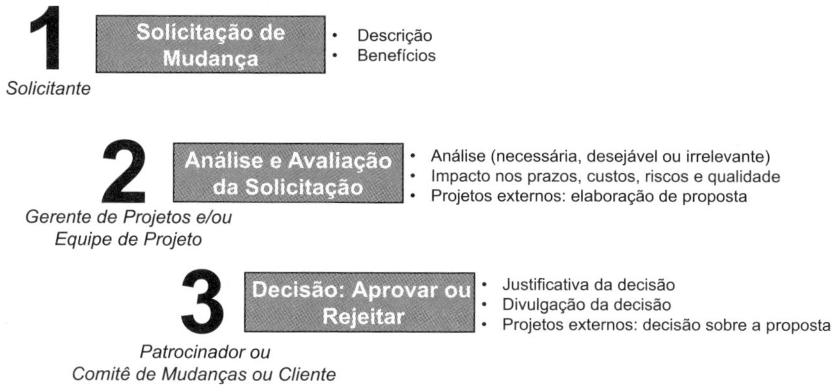

Figura 51

As três ações no processo de submissão, avaliação e aprovação de mudanças

Fonte: o autor.

Os gerentes de projeto que absorvem e implementam as solicitações de mudanças sem uma análise da importância e sem avaliação de impacto têm chance de serem qualificados como "incompetentes", pois, mesmo que o projeto atinja seus objetivos de entrega, certamente gastará mais que o planejado e atrasará nos prazos pactuados previamente.

Nesse cenário, gerenciar as mudanças de um projeto requer a existência de processos apropriados – em geral, definidos pelo Escritório de Projetos (PMO) – para que o gerente de projetos tenha autoridade para exigir o cumprimento desse ritual. Em não havendo o processo, ele ficará refém de contínuas solicitações de mudanças que exigem extensão de prazos e recursos adicionais.

6.7 Relatório de Progresso de Projeto

O Relatório de Progresso de Projeto – também chamado de Relatório de *Status* ou Relatório de Avanço – deve conter informações, de modo executivo, que permitam ao patrocinador e outros envolvidos no projeto conhecer periodicamente o progresso de um projeto em várias dimensões – prazo, custos, qualidade das entregas e nível de satisfação do usuário final.

Esse relatório é elaborado pelo gerente de projetos e é usualmente chamado de *"one-page-report"* (relatório de uma página), pois, quando apresentado à parte interessada, deve propiciar uma visão completa em uma única página ou em uma única tela de computador.

Além de informações de desempenho, outras informações em nível gerencial podem ser inseridas no Relatório de Progresso de Projeto, a fim de registrar alguns pontos relevantes na gestão e governança do projeto.

As informações apresentadas no relatório podem ser textuais ou representadas por meio de tabelas e gráficos. Para facilitar a visualização, os gráficos possibilitam utilizar cores, evidenciar a situação histórica e apresentar linha de tendência – por exemplo, como no gráfico tipo histograma e no gráfico de linhas. O gráfico tipo "velocímetro" (rosca) deve ser utilizado em situações específicas, pois apresenta somente a situação atual, não permitindo avaliar se houve melhoria ou deterioração no desempenho. Embora não haja padrão para o Relatório de Progresso, o exemplo apresentado na Figura 52 tem informações agrupadas em três blocos.

Figura 52

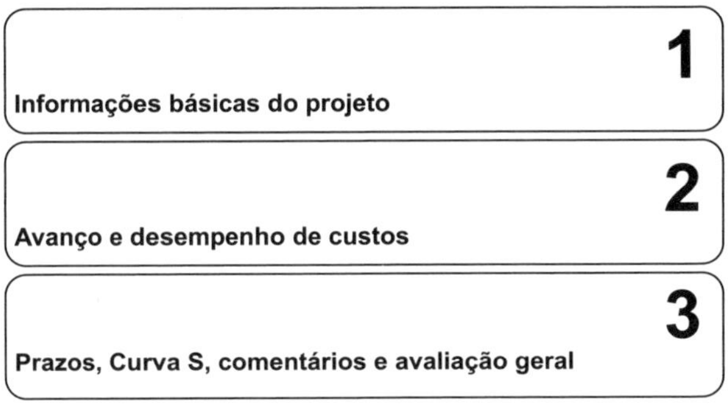

Blocos que compõem o exemplo de Relatório de Progresso de Projeto
Fonte: o autor.

Bloco 1 – Informações básicas do projeto (Figura 53):

- título do projeto;
- breve descritivo;
- data de início do projeto;
- data revista para o término (original e revisada);

» reuniões operacionais (data da penúltima e da última);
» reuniões executivas (data da penúltima e da última);
» itens pendentes – seção "6.3.2 Atas de reunião (conteúdo, formato e distribuição)".

Figura 53

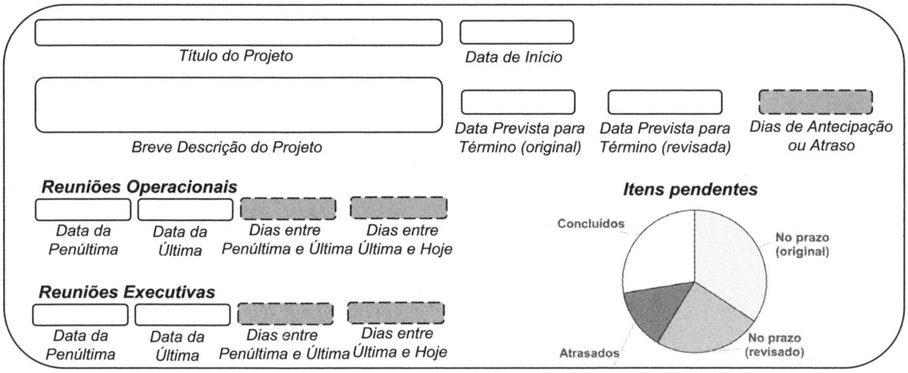

Bloco 1 do exemplo do Relatório de Progresso de Projeto
Fonte: o autor.

Pela Figura 53, pode-se observar que algumas informações possibilitam a realização de cálculos – como os campos "Data Prevista para o Término do Projeto (original e revisada)" –, o que permite apresentar o número de dias de antecipação ou atraso para a conclusão do projeto frente ao planejado originalmente. Outro exemplo é "Data da Penúltima e Última Realização de Reunião Operacional", que possibilita calcular o número de dias transcorridos entre a penúltima e última reunião, e o número de dias transcorridos da última reunião em relação à data de hoje. Na figura, para destaque, esses campos estão com fundo cinza e contorno pontilhado.

Bloco 2 – Avanço e desempenho de custos (Figura 54):

» valores de custos (estimativa de encerramento original, estimativa de encerramento revisada e acumulado despendido até a data);
» valores das reservas financeiras e percentual de utilização;
» percentual de trabalho realizado;
» Índice de Desempenho de Custos (IDC) – com semáforo e histograma apresentando a evolução do índice na linha do tempo.

Os conceitos e exemplos de Índice de Desempenho de Custos (IDC), Índice de Desempenho de Prazos (IDP), Curva S e prazo agregado estão apresentados no Apêndice A – Análise de Valor Agregado.

Figura 54

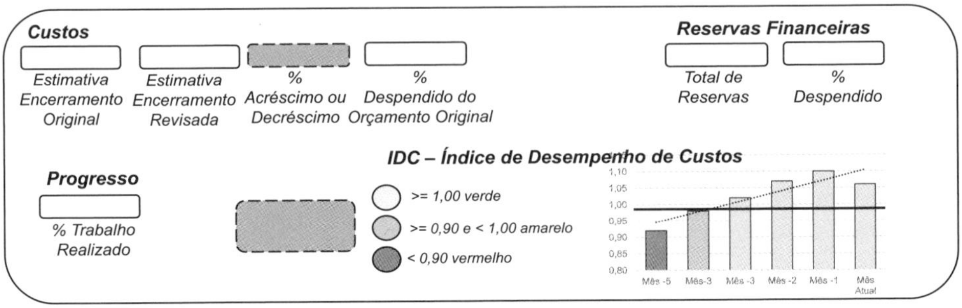

Bloco 2 do exemplo do Relatório de Progresso de Projeto

Fonte: o autor.

Pela Figura 54, pode-se notar que o percentual de acréscimo ou decréscimo nos custos é calculado com base nas estimativas de encerramento (original e revisada). O mesmo acontece para o Índice de Desempenho de Custos (IDC), que é apurado com base no percentual do trabalho realizado e percentual despendido do orçamento original. Esses campos, para destaque, estão com fundo cinza e contorno pontilhado. Como o histograma de IDC é apresentado com cores, então, a legenda explícita se torna necessária.[8]

8 Faixas de normalidade do IDC: embora o Índice de Desempenho de Custos (IDC) seja um indicador de mercado, não há um padrão definido para atribuir qualificação em verde, amarela ou vermelha, pois isso depende de critérios de cada organização. Por exemplo, algumas podem optar por atribuir qualificação verde para quando o IDC for igual ou superior a 1,00; amarela, se estiver entre de 0,90 e menor que 1,00; e, vermelha se for inferior a 0,90. Outras organizações podem optar por trabalhar com qualificação: verde (igual ou superior a 1,00) e vermelha (se for inferior a 1,00) – isso porque, para algumas empresas, qualquer desvio do orçamento pode ser crítico para a continuidade de seus projetos, enquanto para outras organizações pode haver algum nível de tolerância nas variações entre os custos estimados e os reais. Para projetos externos, quanto maior o IDC, melhor, pois indica aumento de rentabilidade para a empresa prestadora de serviços. Para projetos internos, o ideal é IDC maior que 1,00, porém, no máximo entre 1,20 ~ 1,25, já que acima disso indica que houve um planejamento com valores superestimados, podendo ter inviabilizado a autorização para execução de outros projetos na organização por falta de recursos.

Bloco 3 – Prazos, Curva S, Comentários e Avaliação Geral (Figura 55):

» percentual de trabalho planejado até a data;
» IDP – Índice de Desempenho de Prazos com semáforo;
» Curva S;
» prazo agregado, calendário e variação de prazo agregado;
» principais realizações ocorridas no período;
» realizações esperadas para o próximo período;
» alertas;
» avaliação geral.

Figura 55

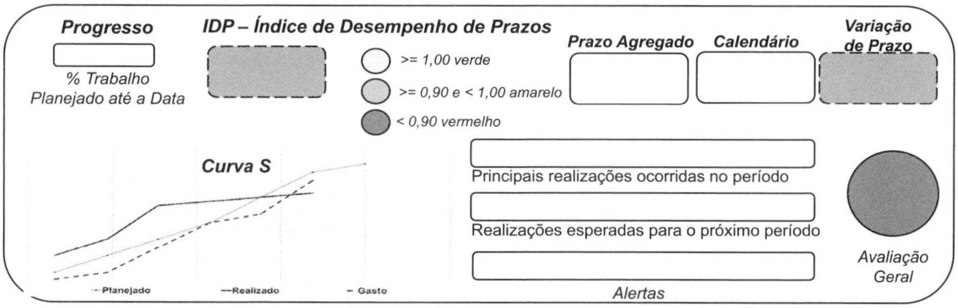

Bloco 3 do exemplo do Relatório de Progresso de Projeto
Fonte: o autor.

A avaliação geral do projeto pode ser efetuada mediante critérios da organização, podendo ser automática em função de combinação de indicadores de dimensões apresentadas no relatório. Nota-se que há gerentes de projetos que não gostam de conhecer/divulgar os indicadores dos projetos que gerenciam, pois alguns ainda acreditam que a avaliação é acerca de sua atuação profissional, quando na verdade o que está sendo avaliado é o *status* do projeto.

Indicadores

Quando um indicador é qualificado como amarelo ou vermelho, trata-se de uma avaliação que aponta que houve algum desvio frente ao planejado, mas não esclarece a origem do problema. Assim, cabe ao gerente de projetos e sua equipe analisar as causas-raiz para, em seguida, elaborar os planos de ação corretivos.

A maior utilidade de um indicador é que possibilita identificar qualquer "desvio da normalidade" de um projeto em tempo de execução em qualquer dimensão. Isso significa que não é necessário concluir um projeto – ou se aproximar de sua finalização – para se identificar problemas que podem – e devem – ser sanados com a máxima antecedência possível, reconduzindo, assim, o projeto para o seu curso normal.[9]

[9] Indicadores de projeto: em outra publicação desta editora, o autor apresenta, na obra *Indicadores de Gerenciamento de Projetos* (2025), indicadores de gestão de projetos, além da sistemática e dos critérios para criação de indicadores específicos para as necessidades das organizações.

10 PONTOS RELEVANTES

Passo 6 -Execução e Controle do Projeto

1. Um projeto que não pode atrasar a entrega exige do gerente de projetos uma rígida gestão sobre o caminho crítico e uso de técnicas (compressão e paralelismo) para corrigir eventuais desvios.
2. Mudanças fazem parte dos projetos, mas, para serem aceitas, devem ser avaliadas em relação aos impactos em custos, prazos e riscos para a tomada de decisão, antes de serem incorporadas ao escopo do projeto.
3. A execução de reuniões recorrentes não é burocracia, mas sim uma forma de manter a equipe informada, atualizada, engajada e comprometida com o sucesso do projeto.
4. Qualquer pendência - mesmo que devidamente documentada - que não tiver o responsável designado pela realização e uma data-limite estimada para entrega deixa de ser pendência e passa a ser somente uma "intenção".
5. Sistematizar e incentivar o registro rotineiro de lições aprendidas em projetos é o fundamento para qualquer organização que queira implantar gestão de conhecimento.
6. Todas as negociações - de valores, condições, prazos -, sejam com fornecedores ou clientes (projetos externos), devem ser documentadas e formalizadas por meio de contratos e/ou aditivos.
7. A gestão de custos é uma das disciplinas mais importantes em um projeto, pois, em casos de resultados parciais críticos, pode fornecer subsídios para descontinuar um projeto antes de sua conclusão. Para projetos externos, gestão de custos representa monitorar a rentabilidade do projeto e, por vezes, da organização prestadora de serviços.
8. O Relatório de Progresso de Projeto é periódico e deve conter as principais informações de desempenho do projeto, sendo elaborado de forma sucinta, objetiva e visualmente estimulante - preferencialmente, com cores e no formato de "uma única página".
9. O uso de indicadores de monitoramento de uma dada dimensão do projeto - custos, prazos, qualidade, satisfação da equipe, comunicação e riscos - possibilita identificar desvios em tempo de execução do projeto, permitindo a análise da causa-raiz e o estabelecimento de planos de ação.
10. A inteligência artificial (IA) pode substituir o ser humano em termos de raciocínio, resolução de problemas e tomada de decisão, porém a inteligência emocional (IE) é a capacidade que o ser humano tem para gerenciar suas emoções e os relacionamentos - elementos para o sucesso de qualquer projeto.

PASSO 7

7

Encerramento do Projeto

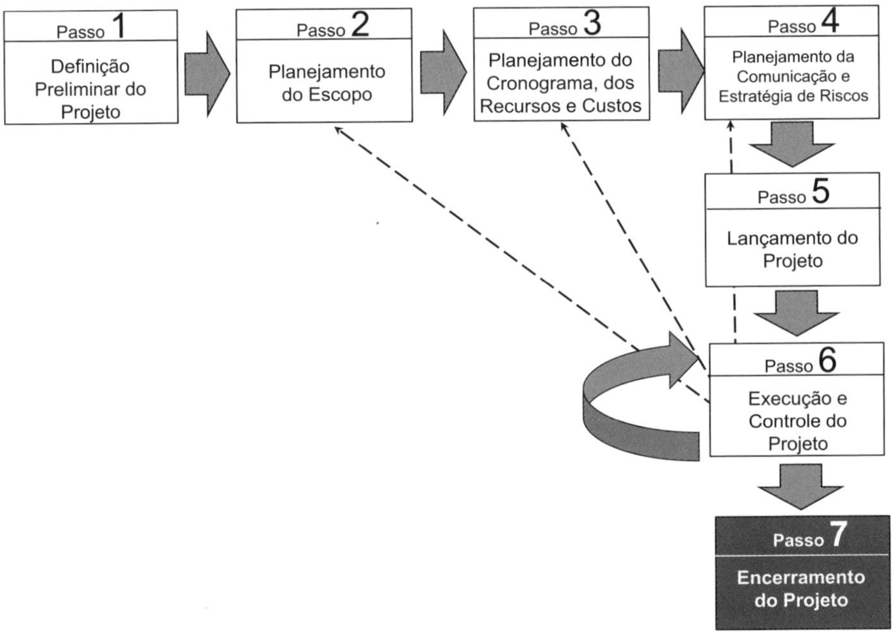

Este passo se constitui no aceite final do projeto. Ele inclui também avaliações (da equipe, dos fornecedores, da satisfação do patrocinador) e o encerramento administrativo do projeto – com ênfase nos contratos com cliente e/ou fornecedores, além do registro em lições aprendidas (*Lessons Learned*), que pode ocorrer na reunião de encerramento do projeto.

A importância dessa fase não se restringe ao encerramento formal do projeto, mas também contempla a oportunidade que se tem de melhorias – seja no ambiente em que se desenvolveu o projeto, seja em futuros projetos similares, ou mesmo nos padrões de gerenciamento de projetos vigentes na organização.

7.1 Conclusão do projeto

Um projeto é encerrado quando todos os requisitos tiverem sido atendidos. Para projetos internos, caberá ao patrocinador dar o aceite, enquanto para projetos externos, o cliente deve – entende-se algum profissional com autoridade para isso – dar o aceite final formal, em consonância com os critérios definidos em contrato.

É relativamente comum, em projetos externos, o cliente postergar o aceite em função de alguma pendência. Todavia, se for uma pendência de impacto mínimo nos resultados do projeto, poderá haver um acordo para que o cliente efetue um "aceite com restrições" e que a empresa prestadora de serviços assuma o compromisso de sanar tal pendência em determinado período. Essa negociação, por vezes, possibilita que novos projetos sejam iniciados, que o faturamento (parcial) seja liberado e que significativa parte da equipe seja desmobilizada, ou seja, permanece somente uma parcela de profissionais para solução definitiva das pendências, quando então é dado o aceite final.

7.2 Reunião de encerramento do projeto

Recomenda-se que haja uma reunião de encerramento, embora essa prática seja pouco usual, tanto em projetos internos como em projetos externos.

Para projetos externos, o foco maior desta reunião junto ao cliente é a "formalização" do encerramento do projeto, por isso, recomenda-se que uma ata seja elaborada e assinada pelas partes. Para projetos internos, o benefício em se fazer essa reunião é capturar os principais aspectos de aprendizado para a organização, seja no que deu certo, seja no que deu errado. Essa reunião não pode, em hipótese alguma, ser caracterizada por "busca de culpados". Pelo valor dessa reunião, recomenda-se que, mesmo para os projetos externos, seja também realizada uma reunião interna de encerramento com a participação exclusiva dos profissionais da empresa prestadora de serviços.

A reunião de encerramento com a equipe que atuou no projeto é uma oportunidade para a realização de uma avaliação quanto à condução do projeto, à capacitação da equipe, à metodologia utilizada, aos principais problemas enfrentados e às soluções endereçadas. A partir das informações coletadas, a base de dados de lições aprendidas deve ser atualizada.

Essa reunião deve ser objetiva, lembrando-se de que muitos profissionais que participaram do projeto já estão alocados em outras iniciativas, assim, ela pode apresentar uma representatividade baixa. Um cuidado que se deve ter é em relação à seleção de participantes para essa reunião, pois os não convidados devem ser informados das razões de não participarem para evitar qualquer melindre injustificável. A presença do gerente de recursos (*Resource Manager*) é necessária.

7.3 Avaliação dos profissionais

O processo de avaliação dos profissionais integrantes da equipe do projeto deve ser realizado periodicamente – por exemplo, de forma trimestral – e ao final do projeto. Tal sistemática fornece subsídios para ações de melhoria em tempo de projeto. Para projetos de curta duração – inferior a três meses, por exemplo –, a avaliação deve ser realizada somente ao seu final.

A avaliação dos integrantes da equipe deve ser efetuada pelo gerente de projetos e deve contemplar o desempenho do profissional no projeto diante do que havia sido designado quando da sua alocação nele. O escopo da avaliação deve ser padronizado na organização pela área de Recursos Humanos em consonância com o PMO e gerente de recursos, caso exista essa função na organização.

A avaliação do gerenciamento do projeto e do gerente de projetos deve ser efetuada pelo patrocinador do projeto, sendo constituída de: atingimento dos objetivos propostos, qualidade das entregas, comunicação, liderança diante da equipe, nível de documentação, gerenciamento do escopo, dos custos e de prazos, metodologia utilizada e capacitação da equipe. Essa avaliação poderá ser conduzida pelo gerente de recursos (*Resource Manager*) ou profissional da área de Recursos Humanos e, preferencialmente, de modo presencial, pois possibilita o "face a face" com o patrocinador. Dessa forma, ele tem oportunidade de expressar suas críticas, opiniões e sugestões de forma clara, permitindo que nas explanações se obtenha mais informações, sobretudo, para os itens em que foi demonstrada alguma insatisfação.[1]

1 Avaliação do gerenciamento do projeto e do gerente de projetos: é recomendável que se tenha um guia pré-elaborado com a lista itens de avaliação visando direcionar a entrevista com o patrocinador. Para cada questão, deve ser atribuída uma pontuação entre 1 (mínima) e 5 (máxima) – que indica o nível de satisfação para o item em discussão. O debate deve ser exploratório e torna-se um útil instrumento para coleta de *feedbacks* e informações importantes para melhoria de desempenho do profissional e do sistema de gerenciamento de projetos da organização.

7.4 Fornecedores: avaliação e encerramento de contratos

Os contratos junto a clientes e fornecedores, que porventura permaneçam em aberto por condições contratuais – por exemplo, duração com prazo indeterminado –, devem ser encerrados conforme previsão contida em contrato, podendo ser feito um distrato ou simplesmente uma notificação (denúncia). Assim, formaliza-se o encerramento da prestação dos serviços contratados.

Além disso, cabe ao gerente de projetos também efetuar a avaliação dos fornecedores que atuaram no projeto, servindo como referências para prováveis contratações futuras pela organização. Essa avaliação deve considerar a qualidade do produto/serviço, as condições comerciais (preços, condições de entrega) e os aspectos de relacionamento (comunicação, flexibilidade).

Na Figura 56, há um sumário das principais ações do gerente de projetos quanto ao encerramento de projetos, considerando tanto os projetos internos quanto os externos.

Figura 56

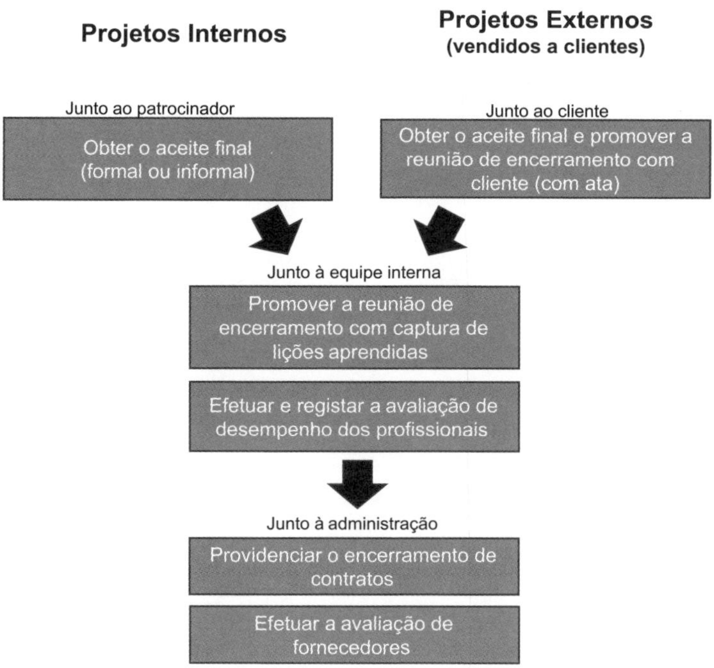

Principais ações do gerente de projetos no encerramento

Fonte: o autor.

Destaca-se que a ação de "Providenciar o encerramento de contratos" para projetos externos deve considerar não somente os contratos com fornecedores, mas também com o cliente e eventuais parceiros envolvidos no projeto.

A avaliação de gerenciamento do projeto/gerente de projetos para projetos internos pode ser feita pelo patrocinador do projeto, pois é este quem mais percebeu o trabalho desenvolvido pelo gerente. Todavia, para projetos externos, essa avaliação é mais complexa e deve ser específica para cada organização, com base em sua estrutura, processos de gestão e cultura.

10 PONTOS RELEVANTES

Passo 7 - Encerramento do Projeto

1. O encerramento de um projeto exige, para projetos externos, um aceite formal do cliente.

2. A reunião de encerramento com o cliente (projetos externos) formaliza o encerramento do projeto. Por isso, uma ata também deve ser elaborada. Se a condição final do projeto permitir, é um bom momento para realizar alguma comemoração (café da manhã, almoço ou jantar de confraternização).

3. Todo contrato deve ser encerrado - com o cliente, os fornecedores e os parceiros de projeto. Caso algum contrato permaneça ativo por qualquer razão, o gerente de projetos deve solicitar apoio da área jurídica para elaborar um documento de formalização que caracterize seu encerramento (denúncia ou distrato amigável).

4. A equipe deve ser desmobilizada tão logo possível, para a atuação em outros projetos.

5. A reunião interna de encerramento - gerente, representantes da equipe do projeto e gerente de recursos - deve ser realizada para discutir "o que deu certo" e "o que poderia ter sido feito de outra forma", registrando na base de lições aprendidas para apoio aos futuros projetos. Essa reunião é de construção e de crescimento, e não "acusativa" na busca de eventuais culpados.

6. O histórico de indicadores do projeto também deve ser registrado na base de lições aprendidas, com as respectivas causas temporais, ações e resultados obtidos.

7. Os participantes da reunião interna de encerramento devem ser previamente selecionados, para que haja representatividade suficiente das áreas envolvidas. Aqueles que atuaram no projeto e que não forem convidados para participar da reunião devem ser previamente informados sobre tal condição, para evitar mal-entendidos e descontentamentos injustificáveis.

8. O gerente de projetos deve efetuar as avaliações finais individuais dos participantes do projeto (*feedback*) e encaminhar os registros para o gerente de recursos (*Resource Manager*) ou para a área de Recursos Humanos; o gerente de projetos também avalia os fornecedores.

9. A avaliação do gerenciamento do projeto e do gerente de projetos para projetos internos deve ser feita pelo patrocinador do projeto. Para projetos externos, cabe à organização definir o avaliador e os critérios, em função de suas especificidades.

10. Registrar lições aprendidas não representa "tratá-las", pois isso é feito *a posteriori*, quando as lições são categorizadas, qualificadas e endereçadas. Em geral, esse tratamento é coordenado pelo PMO, já que a alteração de procedimentos pode envolver outras áreas da organização.

Apêndice A - Análise de Valor Agregado

A Análise de Valor Agregado (AVA) – também chamada de Gerenciamento de Valor Agregado (GVA) – permite avaliar o progresso do projeto em termos de custos e prazos frente ao que foi planejado.[1]

Para apresentação dos conceitos, fórmulas e exemplos, será utilizado o cronograma representado na Figura 57, relativo a um conjunto de atividades de um projeto de desenvolvimento e liberação de um módulo de treinamento a distância.

Figura 57

			Esforço (em horas)							
Atividade		**Profissional**	**Total**	**Dia 1**	**Dia 2**	**Dia 3**	**Dia 4**	**Dia 5**	**Dia 6**	**Dia 7**
1	Preparar conteúdo de treinamento	Instrutor Sênior	**6**	6						
2	Preparar testes avaliativos	Instrutor Júnior	**5**	5						
3	Desenvolver materiais e testes	Designer Instrucional	**24**		8	8	8			
		Gerente Educacional	**8**		2	2	2	2		
4	Avaliar os materiais e testes	Analista de Treinamento Júnior	**8**						8	
5	Efetuar ajustes	Designer Instrucional	**6**							6
6	Liberar no site da instituição	Coordenador de Sistemas	**4**							4

Cronograma com esforço estimado em horas

Fonte: o autor.

[1] Análise de Valor Agregado: tem origem no termo em inglês *Earned Value Analysis* (EVA) ou *Earned Value Management* (EVM).

Pela Figura 57, verifica-se que está prevista a atuação de vários profissionais com diferentes níveis de especialização e experiência. Considerando-se, hipoteticamente, como valor-hora dos cargos: Analista de Treinamento Júnior $110,00, Coordenador de Sistemas $270,00, Designer Instrucional $120,00, Gerente Educacional $240,00, Instrutor Júnior $180,00 e Instrutor Sênior $270,00, tem-se como Valor Planejado (VP) no projeto $10.000,00, como apresentado na Figura 58.[2]

Pela Figura 58, pode-se identificar o custo estimado de cada atividade. Por exemplo, para realização da Atividade 2 (Preparar testes avaliativos) está previsto o esforço de 5,0 horas de um Instrutor Júnior que tem custo-hora de $180,00, representando um total de $900,00. A atividade está planejada para ser executada no Dia 1 do projeto.

A-1 Gestão de custos

Engloba sete conceitos para avaliação de desempenho de custos no projeto, que serão apresentados em um passo a passo contínuo, por meio de um exemplo evolutivo.

A-1.1 Valor Agregado (VA)

Representa quanto do valor planejado para uma atividade pode ser apropriado ao projeto, em função do que foi realizado no período, ou seja, representa o quanto foi feito do trabalho planejado. **É usual calcular o Valor Agregado (VA) em função do percentual de avanço do trabalho realizado.**

Atenção: Valor Agregado não tem associação alguma aos custos incorridos no projeto – ele independe de quanto foi gasto.

Por exemplo, supondo-se que as Atividades 1 e 2 foram concluídas e que na Atividade 3 somente o trabalho associado ao Designer Instrucional foi realizado, tem-se que o Valor Agregado da Atividade 1 é de $1.620,00 (100% de conclusão), da Atividade 2 é $900,00 (100% de conclusão) e da Atividade 3 é $2.880,00 (somente o trabalho planejado para o Designer Instrucional foi feito) – que representa 60% de $4.800,00. A Figura 59 ilustra a situação atual do projeto, com o avanço apresentado, que tem Valor Agregado (VA) igual a $5.400,00.

---

2 Valor-hora: na seção "3.9 – Planejamento de custos", é apresentada uma sugestão para o cálculo de valor-hora por cargo, com base na prática de mercado.

	Atividade	Profissional	Esforço (em horas)	Valor Planejado ($)							
				Dia 1	Dia 2	Dia 3	Dia 4	Dia 5	Dia 6	Dia 7	Total
1	Preparar conteúdo de treinamento	Instrutor Sênior	6	1.620,00							**1.620,00**
2	Preparar testes avaliativos	Instrutor Júnior	5	900,00							**900,00**
3	Desenvolver materiais e testes	Designer Instrucional	24		960,00	960,00	960,00				**4.800,00**
		Gerente Educacional	8		480,00	480,00	480,00	480,00			
4	Avaliar os materiais e testes	Analista de Treinamento Júnior	8						880,00		**880,00**
5	Efetuar ajustes	Designer Instrucional	6							720,00	**720,00**
6	Liberar no site da instituição	Coordenador de Sistemas	4							1.080,00	**1.080,00**
		Totais ($)		**2.520,00**	**1.440,00**	**1.440,00**	**1.440,00**	**480,00**	**880,00**	**1.800,00**	**10.000,00**

Figura 58

Planejamento de esforço estimado em valores

Fonte: o autor.

Figura 59

Atividade		Valor Planejado (VP)	Valor Agregado (VA)	% de realização
1	Preparar conteúdo de treinamento	1.620,00	1.620,00	100%
2	Preparar testes avaliativos	900,00	900,00	100%
3	Desenvolver materiais e testes	4.800,00	2.880,00	60%
5	Avaliar os materiais e testes	880,00	0,00	0%
6	Efetuar ajustes	720,00	0,00	0%
7	Liberar no site da instituição	1.080,00	0,00	0%
Total Projeto		10.000,00	5.400,00	

Avanço no projeto até a data e Valor Agregado (VA)

Fonte: o autor.

A-1.2 Percentual de avanço de projeto

A Figura 59 evidencia como calcular o percentual de avanço do projeto, tendo por base o valor do trabalho realizado, ou seja, o Valor Agregado (VA). A fórmula é dada por:

% Avanço = VA / VP

No caso, o percentual de avanço é 54% (decorre de VA / VP = 5.400,00 / 10.000,00). É importante destacar que somente quando todas as atividades estiverem com 100% de realização que o total do VA será igual ao VP do projeto – nesse caso, $10.000,00 –, indicando 100% do projeto concluído.

A-1.3 Custos Reais (CR)

Representa quanto foi efetivamente gasto para a realização do trabalho. Essa informação, em geral, tem origem em algum sistema de informação com apuração de valores, tendo por base o apontamento de horas trabalhadas.

Por exemplo, supondo-se que a Atividade 1 foi realizada pelo Gerente Educacional em 8,0 horas (resulta em $1.920,00 e decorre de 240,00 * 8,0), pois o Instrutor Sênior estava de licença; a Atividade 2 foi realizada pelo Instrutor Júnior como previsto, porém, consumiu apenas 3,0 horas para realizá-la, embora estivesse planejado o esforço de 5,0 horas (resulta em

$540,00 e decorre de 180,00 * 3,0). A Atividade 3 foi desenvolvida pelo Designer Instrucional como planejado, no entanto, ultrapassou o esforço estimado de 24,0 horas para 32,0 horas de trabalho (resulta em $3.840,00 e decorre de 120,00 * 32,0). Assim, os Custos Reais (CR) somam $6.300,00, conforme a Figura 60.

Figura 60

Atividade		Valor Planejado (VP)	% de realização	Valor Agregado (VA)	Custos Reais (CR)
1	Preparar conteúdo de treinamento	1.620,00	100%	1.620,00	1.920,00
2	Preparar testes avaliativos	900,00	100%	900,00	540,00
3	Desenvolver materiais e testes	4.800,00	60%	2.880,00	3.840,00
5	Avaliar os materiais e testes	880,00	0%	0,00	0,00
6	Efetuar ajustes	720,00	0%	0,00	0,00
7	Liberar no site da instituição	1.080,00	0%	0,00	0,00
	Total Projeto	10.000,00	54%	5.400,00	6.300,00

Exemplo de avanço no projeto com % de realização e Custos Reais (CR)

Fonte: o autor.

A-1.4 Índice de Desempenho de Custos (IDC)

Com base na Figura 60, pode-se calcular o Índice de Desempenho de Custos (IDC) de cada atividade – ou geral do projeto, que é o mais usual no dia a dia da gestão de projetos. A fórmula é dada por:

IDC = VA / CR

No caso, o IDC do projeto é 0,86 (decorre de VA / CR = 5.400,00 / 6.300,00), conforme a Figura 61.

Pela Figura 61, identifica-se o bom desempenho da Atividade 2 (IDC maior que 1,00) e o mau desempenho das Atividades 1 e 3 (ambas com IDC menor que 1,00). No geral, o desempenho ficou aquém também, com 0,86. Destaca-se que na Atividade 1 não há mais o que fazer, pois está concluída. Na Atividade 3, ainda se pode reverter a situação ou amenizar o mau desempenho de custos, pois como nem todo trabalho planejado foi concluído, é possível obter um bom desempenho no restante.

Figura 61

	Atividade	Valor Planejado (VP)	% de realização	Valor Agregado (VA)	Custos Reais (CR)	Índice de Desempenho de Custos (IDC = VA / CR)
1	Preparar conteúdo de treinamento	1.620,00	100%	1.620,00	1.920,00	0,84
2	Preparar testes avaliativos	900,00	100%	900,00	540,00	1,67
3	Desenvolver materiais e testes	4.800,00	60%	2.880,00	3.840,00	0,75
5	Avaliar os materiais e testes	880,00	0%	0,00	0,00	-
6	Efetuar ajustes	720,00	0%	0,00	0,00	-
7	Liberar no site da instituição	1.080,00	0%	0,00	0,00	-
	Total Projeto	10.000,00	54%	5.400,00	6.300,00	0,86

Exemplo de avanço no projeto, com Índice de Desempenho de Custos (IDC)

Fonte: o autor.

Quatro pontos importantes sobre o IDC:

a. **Interpretação:** o IDC representa "quanto" se faz de trabalho planejado para cada $1,00 gasto. Neste caso, o projeto realiza $0,86 do planejado e gasta $1,00. Considerando essa interpretação monetária, recomenda-se que o IDC seja apresentado com duas casas decimais.
b. **Faixas:** quando o IDC for igual a 1,00, significa que o trabalho realizado é exatamente o que foi gasto (decorre de o VA ser igual ao CR); quando o IDC for maior que 1,00, representa um bom desempenho de custos, pois o VA é maior que o CR; e, quando o IDC for menor que 1,00, o projeto estará gastando mais que o planejado, pois o VA é menor que o CR.
c. **Nível de economia:** é um equívoco afirmar que quando o IDC de um projeto apresenta um valor de 1,15 que o projeto economiza 15%. Não é isso! Na realidade, ele está com desempenho 15% melhor frente ao planejado. A fórmula do Percentual de Economia é dada por:

% Economia = 1 - (1 / IDC)

Se o resultado for positivo, indica que há economia. Se negativo, representa que o percentual é acréscimo. No exemplo, o IDC de 0,86 representa que há um acréscimo de 16,3% ao valor planejado originalmente, pois decorre de: % Economia = 1 – (1 / 0,86) = (1 – 1,163) = 0,163 = 16,3%.

d. **Língua inglesa:** o Índice de Desempenho de Custos (IDC) equivale em língua inglesa a *Cost Performance Index* (CPI), sendo sua fórmula dada por: CPI = EV / AC, onde EV é o *Earned Value* e o AC é o *Actual Costs*.

A-1.5 Variação de Custos (VC)

A Variação de Custos indica quanto há de economia ou de acréscimo nos custos reais frente ao trabalho realizado. A fórmula é dada por[3]:

VC = VA - CR

Assim, se a VC apresentar um valor positivo, significa que o projeto está economizando; se negativo, que está gastando mais que o planejado; se igual a $0,00, indica que não há economia nem acréscimo, ou seja, os custos incorridos são idênticos ao trabalho realizado no período conforme a Figura 62.

Ainda pela Figura 62, identifica-se que a Atividade 1 teve VC de -$300,00 (mau desempenho), a Atividade 2 teve VC de $360,00 (bom desempenho) e a Atividade 3 está com mau desempenho também (VC = -960,00). No geral, a Variação de Custos do projeto está negativa em $900,00 (mau desempenho de custos).

Observação: sempre que a VC for maior que $0,00, o IDC será maior que 1,00 (bom desempenho, economia). Quando a VC for igual a $0,00, então o IDC será igual a 1,00 (desempenho idêntico ao planejado). Quando a VC for menor que $0,00, então o IDC será menor que 1,00 (mau desempenho, gasto acima do planejado).

[3] VC: na língua inglesa é chamada de *Cost Variance*, representada com a sigla CV.

Atividade		Valor Planejado (VP)	% de realização	Valor Agregado (VA)	Custos Reais (CR)	Índice de Desempenho de Custos (IDC = VA / CR)	Variação de Custos (VC = VA - CR)
1	Preparar conteúdo de treinamento	1.620,00	100%	1.620,00	1.920,00	0,84	-300,00
2	Preparar testes avaliativos	900,00	100%	900,00	540,00	1,67	360,00
3	Desenvolver materiais e testes	4.800,00	60%	2.880,00	3.840,00	0,75	-960,00
5	Avaliar os materiais e testes	880,00	0%	0,00	0,00	-	0,00
6	Efetuar ajustes	720,00	0%	0,00	0,00	-	0,00
7	Liberar no site da instituição	1.080,00	0%	0,00	0,00	-	0,00
Total Projeto		10.000,00	54%	5.400,00	6.300,00	0,86	-900,00

Figura 62

Exemplo de avanço no projeto, com Variação de Custos (VC)

Fonte: o autor.

A-1.6 Projeção de custos para encerramento do projeto

Assumindo-se a premissa que o projeto se manterá com o mesmo desempenho de custos, pode-se calcular a Estimativa No Término (ENT). A fórmula é dada por:

ENT = PV / IDC

No caso, tem-se: ENT = PV / IDC = $10.000,00 / 0,86 = $11.627,91.

A-1.7 Índice de Desempenho Para Término (IDPT)

Representa qual deve ser o desempenho de custos para o projeto ser concluído no Valor Planejado (VP). Esse cálculo só faz sentido se os Custos Reais (CR) forem inferiores ao VP; caso contrário, o cálculo não faz sentido algum, mesmo que matematicamente possível. O IDPT pode ser chamado de "desempenho futuro" ou "desempenho esperado". A fórmula é dada por:

IDPT = (VP - VA) / (VP - CR)

No caso do projeto em andamento, tem-se que IDPT = (10.000,00 - 5.400,00) / (10.000,00 – 6.300,00), ou seja, IDPT igual a 1,24. Isso indica que há necessidade de uma melhoria significativa no desempenho de custos para conclusão do projeto no valor planejado, ou seja, terá que sair de 0,86 (desempenho passado) e a partir de agora executar com 1,24 (desempenho futuro).

Uma variação do IDPT é efetuar o cálculo com base em um orçamento revisado, em vez de se utilizar o valor planejado originalmente. Isso faz sentido para se conhecer o desempenho que terá que ser conseguido no futuro para não ultrapassar o novo orçamento. A fórmula é dada por:

IDPT = (VP - VA) / (Orçamento Revisado - CR)

Supondo-se que o patrocinador do projeto aprovou um aumento de 10% no orçamento, autorizando-o passar de $10.000,00 para $11.000,00. Para se conhecer o desempenho de custos a partir deste momento para concluir o projeto no orçamento revisado, tem-se: IDPT = (10.000,00 - 5.400,00) / (11.000,00 – 6.300,00), ou seja, IDPT de 0,98. Isso pode ser considerado como um desempenho factível, pois ainda há uma pequena folga, considerando-se o 1,00 como o padrão.[4]

Nota: A Análise de Valor Agregado (AVA) está associada a esforço, custos planejados e incorridos. Entretanto, caso se queira trabalhar também com as aquisições do projeto, a utilização deve ser efetuada de forma separada. A análise de indicadores e variações devem ser específicas para mão de obra e para aquisições, evitando-se, assim, que haja contaminação na análise de desempenho do projeto de um desses componentes no outro.

4 IDPT: o Índice de Desempenho Para Término na língua inglesa é chamado de *To-Complete-Performance Index*, representado com a sigla TCPI.

A-2 Gestão de prazos

Na gestão de prazos pela Análise do Valor Agregado, três conceitos são importantes: Índice de Desempenho de Prazos (IDP), Variação de Prazos (VPR) e projeção de prazos pelo IDP.

A gestão de prazos é totalmente independente dos custos apurados.

A-2.1 Índice de Desempenho de Prazos (IDP)

É uma comparação entre "quanto foi feito de trabalho" em um dado período e "quanto de trabalho havia sido planejado" para o mesmo período. A fórmula é dada por:

IDP = VA / VP acum. do período

Considerando-se o mesmo exemplo apresentado na seção "A-1 Gestão de custos" deste Apêndice, as Figuras 63 e 64 apresentam, respectivamente, o planejado e o avanço do projeto até a data.

Ao supor que o período seja "Fim do Dia 4", o Índice de Desempenho de Prazos (IDP) seria calculado pelo quociente entre $5.400,00 e $6.840,00, apresentando, assim, IDP igual a 0,79. Isso representa que o projeto avança a 79% da velocidade programada ou realiza somente 79% do trabalho planejado. O valor de $5.400,00 é o Valor Agregado (trabalho realizado) e o valor de $6.840,00 é o Valor Planejado acumulado no período analisado, ou seja, é o somatório de $2.520,00 (Dia 1), $1.440,00 (Dia 2), $1.440,00 (Dia 3) e $1.440,00 (Dia 4), conforme a Figura 65.

Quatro pontos importantes sobre o IDP:

a. **Interpretação:** o IDP representa "quanto" se faz de trabalho frente ao planejado. Nesse caso, 0,79 representa que o projeto está atrasando.
b. **Faixas:** quando o IDP é igual 1,00, significa que a quantidade de trabalho realizada é exatamente igual à que foi planejada (decorre de o VA ser igual ao VP acumulado do período). Quando o IDP for maior que 1,00, representa que está adiantado, pois o VA é maior que o VP acumulado do período. Por fim, sendo o IDP menor que 1,00, o projeto está fazendo menos trabalho que o planejado, pois o VA é menor que o VP acumulado do período.

Figura 63

				Valor Planejado ($)							
	Atividade	**Profissional**	**Esforço (em horas)**	**Dia 1**	**Dia 2**	**Dia 3**	**Dia 4**	**Dia 5**	**Dia 6**	**Dia 7**	**Total**
1	Preparar conteúdo de treinamento	Instrutor Sênior	6	1.620,00							**1.620,00**
2	Preparar testes avaliativos	Instrutor Júnior	5	900,00							**900,00**
3	Desenvolver materiais e testes	Designer Instrucional	24		960,00	960,00	960,00				**4.800,00**
		Gerente Educacional	8		480,00	480,00	480,00	480,00			
4	Avaliar os materiais e testes	Analista de Treinamento Júnior	8						880,00		**880,00**
5	Efetuar ajustes	Designer Instrucional	6							720,00	**720,00**
6	Liberar no site da instituição	Coordenador de Sistemas	4							1.080,00	**1.080,00**
		Totais ($)		**2.520,00**	**1.440,00**	**1.440,00**	**1.440,00**	**480,00**	**880,00**	**1.800,00**	**10.000,00**

Planejamento de esforço representado em valores

Fonte: o autor.

64 Figura

	Atividade	Valor Planejado (VP)	Valor Agregado (VA)	% de realização
1	Preparar conteúdo de treinamento	1.620,00	1.620,00	100%
2	Preparar testes avaliativos	900,00	900,00	100%
3	Desenvolver materiais e testes	4.800,00	2.880,00	60%
5	Avaliar os materiais e testes	880,00	0,00	0%
6	Efetuar ajustes	720,00	0,00	0%
7	Liberar no site da instituição	1.080,00	0,00	0%
Total Projeto		10.000,00	5.400,00	

Avanço do projeto até a data e Valor Agregado (VA)
Fonte: o autor.

65 Figura

	Atividade	Dia 1	Dia 2	Dia 3	Dia 4	VP até final do Dia 4	Valor Agregado (VA)	Índice de Desempenho de Prazos (IDP = VA / VP acum. até final Dia 4)
1	Preparar conteúdo de treinamento	1.620,00				**1.620,00**	**1.620,00**	**1,00**
2	Preparar testes avaliativos	900,00				**900,00**	**900,00**	**1,00**
3	Desenvolver materiais e testes		1.440,00	1.440,00	1.440,00	**4.320,00**	**2.880,00**	**0,67**
4	Avaliar os materiais e testes					**0,00**	**0,00**	**-**
5	Efetuar ajustes					**0,00**	**0,00**	**-**
6	Liberar no site da instituição					**0,00**	**0,00**	**-**
		2.520,00	1.440,00	1.440,00	1.440,00	**6.840,00**	**5.400,00**	**0,79**

Avanço do projeto até a data e cálculo do IDP
Fonte: o autor.

c. **Restrição:** o problema do IDP é que não considera o caminho crítico e nem as dependências entre atividades. Dessa forma, um projeto com IDP maior que 1,00 indica estar adiantado, mas não é necessariamente uma realidade, por isso, é alvo de críticas de especialistas.

Isso pode ocorrer quando atividades com folga são adiantadas e atividades críticas atrasam, pois essa situação demonstra um avanço no projeto, porém não nas atividades que impactam mais diretamente o prazo.

d. Língua inglesa: o Índice de Desempenho de Prazos (IDP) equivale em língua inglesa ao *Schedule Performance Index* (SPI), sendo sua fórmula dada por: SPI = EV / VP acum. período, onde EV é o *Earned Value* e o VP acum. período é o *Planned Value* acumulado do período.

A-2.2 Variação de Prazos (VPR)

É a variação que indica quanto de trabalho foi feito a maior ou a menor frente ao planejado. Sua fórmula é dada por[5]:

VPR = VA - VP acum. período

Assim, se a VPR for positiva, significa que o projeto está fazendo mais trabalho que o planejado; se negativa, está fazendo menos que o planejado; se igual a $0,00, indica que a quantidade de trabalho realizada é idêntica à planejada no período, conforme a Figura 66.

Pela Figura 66, identifica-se que as Atividades 1 e 2 têm Variação de Prazos igual a zero, ou seja, até o final do "Dia 4" deveriam estar concluídas e estão concluídas (VPR igual a zero, em ambas as atividades). Na atividade 3, deveria ter sido realizado $4.320,00 de trabalho, mas foi feito somente $2.880,00, por isso a VPR está negativa em $1.440,00.

Observação: sempre que o VPR for maior que $0,00, então o IDP será maior que 1,00 (bom desempenho, adiantado). Quando a VPR for $0,00, então o IDP será 1,00 (desempenho idêntico ao planejado). Quando a VPR for menor que $0,00, então o IDP será menor que 1,00 (mau desempenho, atraso).

5 VPR: a Variação de Prazos na língua inglesa é chamado de *Schedule Variance*, representada com a sigla SV.

Figura 66

	Atividade	Dia 1	Dia 2	Dia 3	Dia 4	VP até final do Dia 4	Valor Agregado (VA)	Índice de Desempenho de Prazos (IDP = VA / VP acum. até final Dia 4)	Variação de Prazos (VPR = VA - VP acum. até final Dia 4)
1	Preparar conteúdo de treinamento	1.620,00				1.620,00	1.620,00	1,00	0,00
2	Preparar testes avaliativos	900,00				900,00	900,00	1,00	0,00
3	Desenvolver materiais e testes		1.440,00	1.440,00	1.440,00	4.320,00	2.880,00	0,67	-1.440,00
4	Avaliar os materiais e testes					0,00	0,00	-	-
5	Efetuar ajustes					0,00	0,00	-	-
6	Liberar no site da instituição					0,00	0,00	-	-
		2.520,00	1.440,00	1.440,00	1.440,00	6.840,00	5.400,00	0,79	-1.440,00

Exemplo de avanço no projeto até a data e Variação de Prazos (VPR)

Fonte: o autor.

A-2.3 Projeção de prazos para encerramento do projeto

Essa projeção tem baixo valor preditivo, por isso, é muito pouco utilizada. Pode-se considerar o resultado como um "balizador", porém com muitas ressalvas, pois, em situações específicas, a projeção pode ser inferior ao período já transcorrido. Sua fórmula é dada por:

Projeção de Prazo = Prazo original / IDP

No caso, tem-se Projeção do Prazo = 7 / 0,79 = 8,9 dias, onde "7" é o prazo original e 0,79 é o IDP.

A-3 Curva S

Na Curva S, são apresentadas as curvas de Valor Planejado (VP), Valor Agregado (VA) e Custos Reais (CR), com base em valores acumulados nos períodos do projeto. A Curva S recebe este nome pela similaridade entre as três curvas do gráfico e a letra "S".

Na Figura 67, são apresentados os valores acumulados de Valor Planejado (VP), que representa o trabalho planejado, de Valor Agregado (VA), que representa o trabalho efetivamente realizado, e de Custos Reais (CR) que indica quanto foi efetivamente gasto. Como a execução vai até o final do Dia 4, as colunas Valor Agregado (VA) e Custos Reais (CR) não têm valores a partir desta data. A Curva S é apresentada na Figura 68.

Figura 67

Dia	Valor Planejado (VP)	Valor Agregado (VA)	Custos Reais (CR)
1	2.520,00	2.070,00	2.190,00
2	3.960,00	3.480,00	3.740,00
3	5.400,00	4.440,00	5.020,00
4	6.840,00	5.400,00	6.300,00
5	7.320,00		
6	8.200,00		
7	10.000,00		

VP, VA e CR acumulados por período

Fonte: o autor.

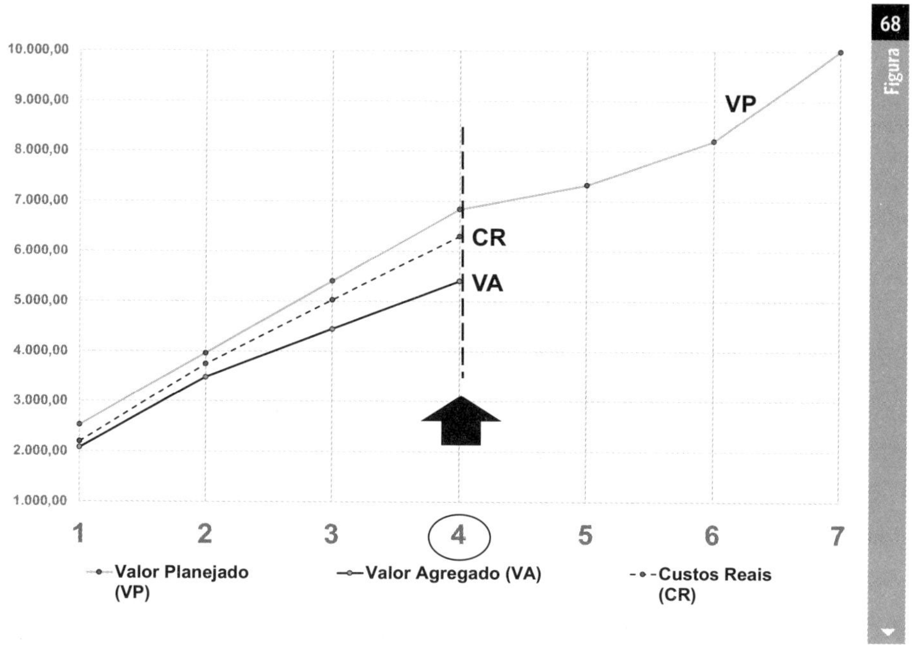

A Curva S do projeto ao final do Dia 4

Fonte: O autor

Pela Figura 68, pode-se perceber que o projeto está mal de custos (gastando mais), pois VA é menor que CR: $5.400,00 *versus* $6.300,00. O projeto também está mal em termos de prazos (fazendo menos), já que VA é menor que o VP: $5.400,00 *versus* $6.840,00.

A-4 Prazo Agregado e Variação de Prazo Agregado

O Prazo Agregado indica uma **posição do projeto na linha do tempo**, representando "quanto do prazo do projeto foi efetivamente realizado" frente ao número de períodos do projeto. Por exemplo, para um projeto de sete meses de duração, o Prazo Agregado será sempre um número entre 0,0 e 7,0.

A Variação de Prazo Agregado representa a diferença entre o prazo agregado e o calendário, resultando em quanto o projeto está adiantado ou atrasado (em número de períodos). Se positivo, adiantado; se negativo, atrasado.

O Prazo Agregado é a soma de duas parcelas, sendo a primeira chamada "parte inteira" e a segunda, "parte decimal". A parte inteira representa o número de períodos em que o Valor Agregado (VA) é maior que o Valor Planejado acumulado (VP acum.). A parte decimal representa a fração que excede o número de períodos da parte inteira. Fórmula:

Parte decimal = (VA - VP acumulado do período identificado) / (VP acumulado do período seguinte ao período identificado - VP acumulado do período identificado)

Por exemplo, pode-se tomar um projeto com duração de sete meses, com planejamento conforme a Figura 69.

Figura 69

Mês	Valor Planejado (VP)	Valor Planejado Acumulado (VP acum.)
1	50.000,00	50.000,00
2	80.000,00	130.000,00
3	100.000,00	230.000,00
4	120.000,00	350.000,00
5	120.000,00	470.000,00
6	90.000,00	560.000,00
7	40.000,00	600.000,00

Valores de planejamento e acumulado, mês a mês
Fonte: o autor.

Supondo-se que o quarto mês (calendário) foi concluído e que o Valor Agregado seja $530.000,00.

Parte inteira: é o número de períodos em que o Valor Agregado (VA) é maior que o Valor Planejado acumulado (VP acum.). No caso, como o VA é $530.000,00, a parte inteira é 5 (decorre que $530.000,00 é maior que $470.000,00 e menor que $560.000,00), ou seja, por cinco períodos, o VA é maior que o VP acumulado.

Parte decimal: é dada pela fórmula:

(VA - VP acumulado do período identificado) / (VP acumulado do período seguinte ao período identificado - VP acumulado do período identificado)

Então, no caso: (530.000,00 – 470.000,00) / (560.000,00 – 470.000,00) = 60.000,00 / 90.000,00 = 0,67.

Prazo Agregado = Parte Inteira + Parte Decimal = 5 + 0,67 = 5,67, ou seja, este projeto realizou o trabalho relativo a 5,67 meses do planejado.

Variação de Prazo Agregado = 5,67 – 4 (que é o mês calendário, mencionado anteriormente) = 1,67, ou seja, o projeto está 1,67 mês adiantado.

Importante: o Prazo Agregado (PA) está sujeito às mesmas críticas feitas ao Índice de Desempenho de Prazos (IDP) por não considerar o caminho crítico, tampouco as dependências entre atividades.

Apêndice B - Processo para determinação do caminho crítico

Caminho crítico de um projeto, como foi apresentado no "Passo 3 – Planejamento do Cronograma, dos Recursos e Custos", é o conjunto de atividades que determina a duração de um projeto, ou seja, é o mais longo caminho do projeto. Assim, qualquer atraso que porventura ocorra em qualquer uma das atividades constantes neste conjunto, ocasionará atraso na conclusão do projeto – na mesma proporção do atraso na atividade. Nesse contexto, as atividades que o compõem devem ser monitoradas amiúde pelo gerente de projetos. As atividades que não fazem parte do Caminho Crítico são chamadas de "atividades com folga", isto é, podem sofrer algum atraso sem impactar a data prevista para conclusão do projeto.

Praticamente todos os *softwares* existentes no mercado para elaboração de cronogramas têm a funcionalidade de determinar o caminho crítico de forma automática. A seguir, está o modelo de como calculá-lo. Esse conhecimento pode ser útil na solução de questões em exames de certificação na área de gestão de projetos.

Pode-se tomar como um projeto preparar e servir um prato tradicional da culinária italiana "*spaghetti* com molho de tomates". Na Figura 70, está a lista de atividades previstas, com duração (em minutos) e suas precedências.[6]

[6] *Spaghetti*: uma curiosidade sobre o significado da palavra *spaghetti* em língua italiana. *Spago* significa fio, cordel, barbante. *Spaghetto* é o diminutivo de *spago*, portanto "barbantinho" em língua portuguesa. *Spaghetti* é o plural, ou seja, barbantinhos – que é o formato da massa. Embora seja o tipo de massa mais conhecido em todo o mundo, representando um dos símbolos da culinária italiana, trata-se de um dos mais recentes formatos clássicos de massa. Há pelo menos sete tipos de formatos de *spaghetti*: *capelli d'angelo, spaghettini, spaghetti, spaghettoni, bucatini, linguine* (também chamado de *bevette e trenette*) e *ziti*.

Figura 70

Ativ.	Nome	Duração (minutos)	Precedência(s)
# 01	Pegar ingredientes e panelas	5	Não há
# 02	Ferver água	10	#01
# 03	Cozinhar *spaghetti*	10	#01e #02
# 04	Abrir lata de molho de tomates	3	#01
# 05	Temperar molho	5	#04
# 06	Cozinhar molho	5	#05
# 07	Escorrer *spaghetti* cozido	2	#03
# 08	Misturar *spaghetti* e molho	5	#06 e #07
# 09	Colocar a mesa	5	Não há
# 10	Servir	5	#08 e #09
# 11	Comer	10	#10

Atividades do projeto com duração e precedências

Fonte: o autor.

Etapa 1 – Apresentação espacial das atividades:
A primeira etapa para se calcular o caminho crítico é dispor as atividades (cada uma representada por um retângulo) de forma espacial, de modo que se identifique claramente as precedências (representadas por flechas). No centro de cada retângulo, o nome da atividade (ação) e na parte inferior, a duração da atividade (Figura 71).

Etapa 2 – Calcular datas mínimas de início e de fim das atividades (do início para o fim):
Calcular a "data mínima de início" e a "data mínima de fim" de cada atividade. Para isso, na parte inferior de cada retângulo (lado esquerdo), deve ser colocada a "data mínima de início" que, somada à duração da atividade (que está no centro), determinará a "data mínima de fim" da atividade (lado direito), conforme a Figura 72.

Observações:

1. Todas as atividades sem precedência alguma devem ter 0 (zero) como "data mínima de início", conforme demonstrado nas Ativ. #01 e #09 na Figura 72, com flechas em destaque.
2. As atividades que têm precedência devem ter como "data mínima de início" a "data mínima de fim" da atividade precedente. Por exemplo, a "data mínima de início" da Ativ. #05 vem da "data mínima de fim" da Ativ. #04 (no caso, minuto 8).
3. Sempre que houver duas ou mais possíveis "datas mínimas de início" (como, por exemplo, na Ativ. #03), deve ser assumido o maior valor. Na Figura 72, os três casos com mais de uma possibilidade de "data mínima de início" foram marcados com uma circunferência e a data selecionada, com duas circunferências circuncêntricas. Por exemplo, a "data mínima de início" da Ativ. #03 tem duas possibilidades: minuto 5 da Ativ. #01 ou minuto 15 da Ativ. #02. Como se escolhe o **maior valor**, então, ficou com "data mínima de início" da Ativ. #03, o minuto 15 (idem para as Ativ. #06 e #07 na "data mínima de início" da Ativ. #08; e, para as Ativ. #08 e #09 na "data mínima de início" da Ativ. #10).

Etapa 3 – Calcular datas máximas de início e de fim das atividades (do fim para o início):
Calcular a "data máxima de fim" e a "data máxima de início" de cada atividade, iniciando-se pela última atividade do projeto (Ativ # 11). É o momento de se fazer o "retorno" do cálculo efetuado na Etapa 2. Assim, na parte superior de cada retângulo (lado direito), deve ser colocada a "data máxima de fim", da qual terá de ser deduzida a duração da atividade (está no centro, parte inferior). Assim, determina-se a "data máxima de início", que ficará no canto superior esquerdo, conforme a Figura 73.

Observações:

1. Esse processo se inicia pela atividade final (Ativ. #11), que deve ter como "data máxima de término" a duração final do projeto obtida na Etapa 2. Conforme demonstrado na Ativ. #11, a "data máxima de término" é o minuto 47 (assinalada com a flecha em destaque na Figura 73). Deduzindo-se a duração, obtém-se a "data máxima de início" (canto superior esquerdo), que é minuto 37.

2. O retorno deve ser contínuo, colocando-se a "data máxima de início" como "data máxima de fim" da atividade imediatamente anterior. Por exemplo, a "data máxima de início" da Ativ. #11 é carregada como "data máxima de fim" da Ativ. #10 (minuto 37).
3. Para as atividades com mais de uma possibilidade de "data máxima de fim", deve ser assumido o **menor valor**. Por exemplo, a "data máxima de fim" da Ativ. #01 tem três possibilidades que vêm de uma das "datas máximas de início" das Ativ. #02, Ativ #03 e Ativ. #04 (respectivamente 5, 15 e 14). No entanto, como se escolhe o menor valor, então, ficou com "data máxima de fim" da Ativ. #01, o minuto 5. Na Figura 73, esses casos foram marcados com uma circunferência, e a data selecionada com duas circunferências circuncêntricas.

Etapa 4 – Calcular a "folga" de cada atividade:
A "folga" é calculada pela subtração da "data máxima de início" da "data máxima de fim". O número obtido representa a folga, conforme a Figura 74. Quando a folga for 0 (zero), significa que a atividade não tem folga, fazendo parte do caminho crítico. O número obtido – quando a folga for diferente de 0 (zero) – representa o tempo máximo de atraso que a atividade suporta sem comprometer a data de término prevista para o projeto. A "folga" de cada atividade é inserida na parte central superior.

Na Figura 75, é possível identificar a situação final do projeto, que tem como caminho crítico as Ativ. #01, #02, #03, #07, #08, #10 e #11. As únicas atividades com "folga" são as atividades #04 (9 minutos), #05 (9 minutos), #06 (9 minutos) e #09 (27 minutos). Isso, porém, não representa que todas as atividades possam atrasar de acordo com as "folgas" máximas identificadas isoladamente, pois é necessário considerar o caminho que contém as atividades com "folga".

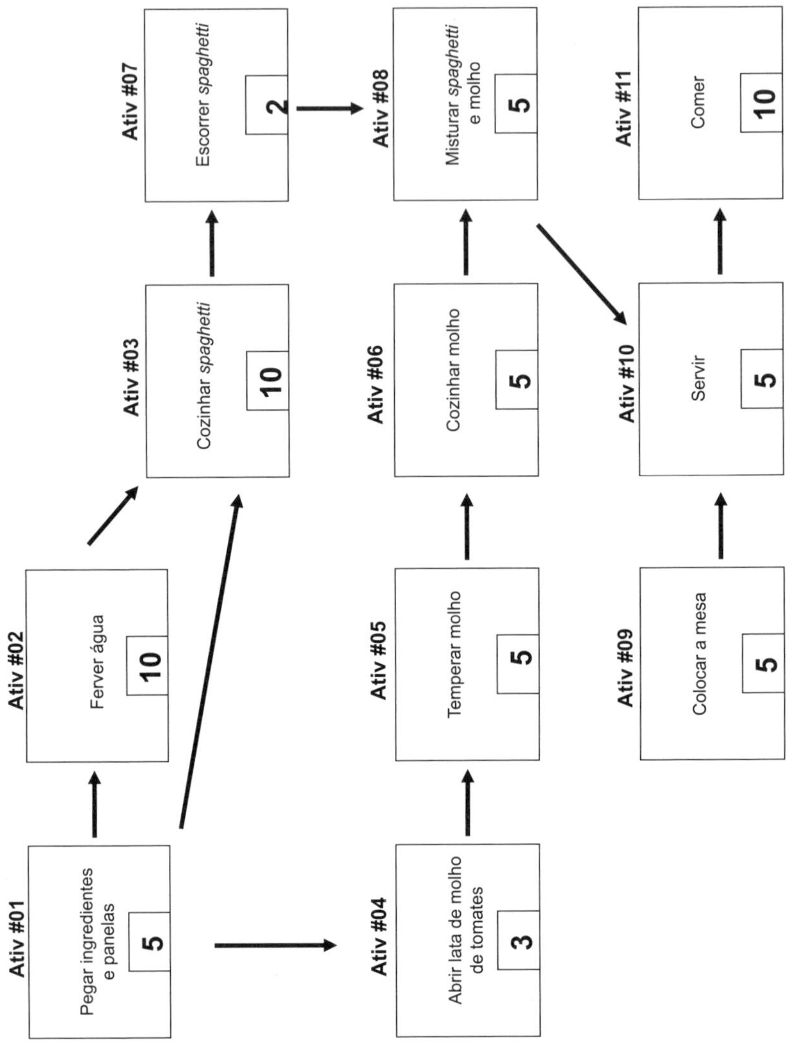

Figura 71

Visão espacial das atividades com precedências e duração (em minutos)

Fonte: o autor.

Figura 72

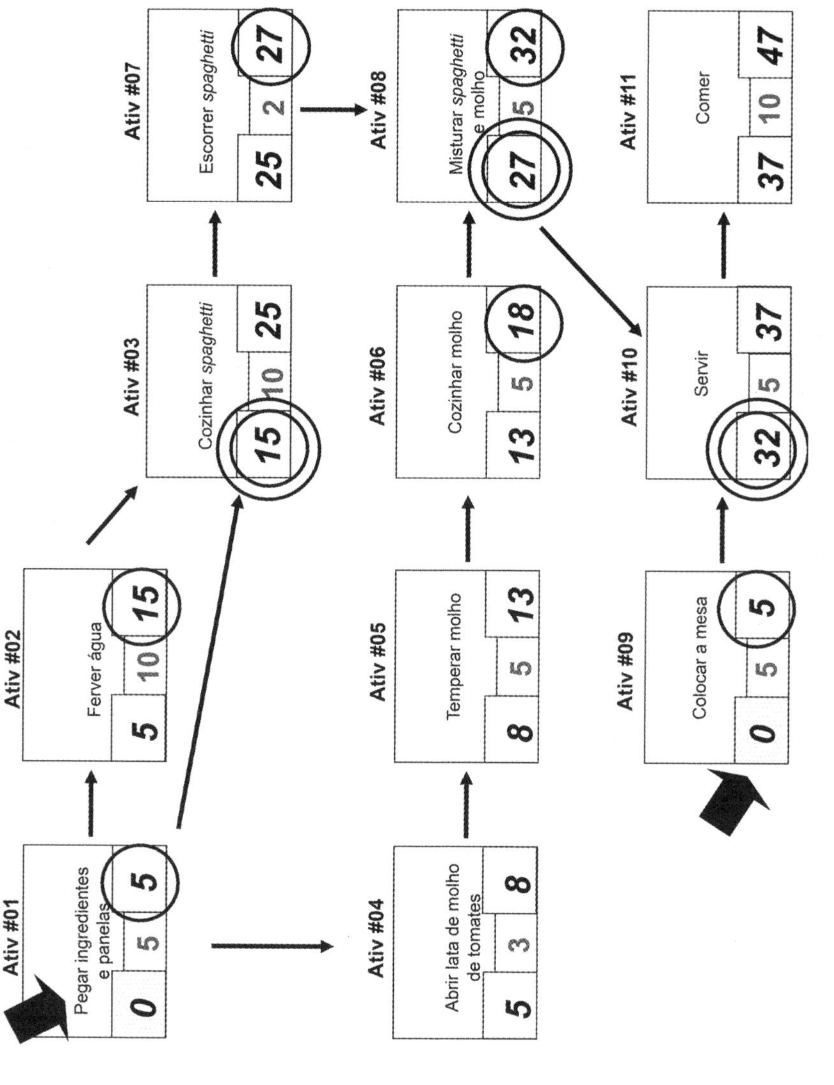

Datas mínimas de início e de término das atividades

Fonte: o autor.

Figura 73

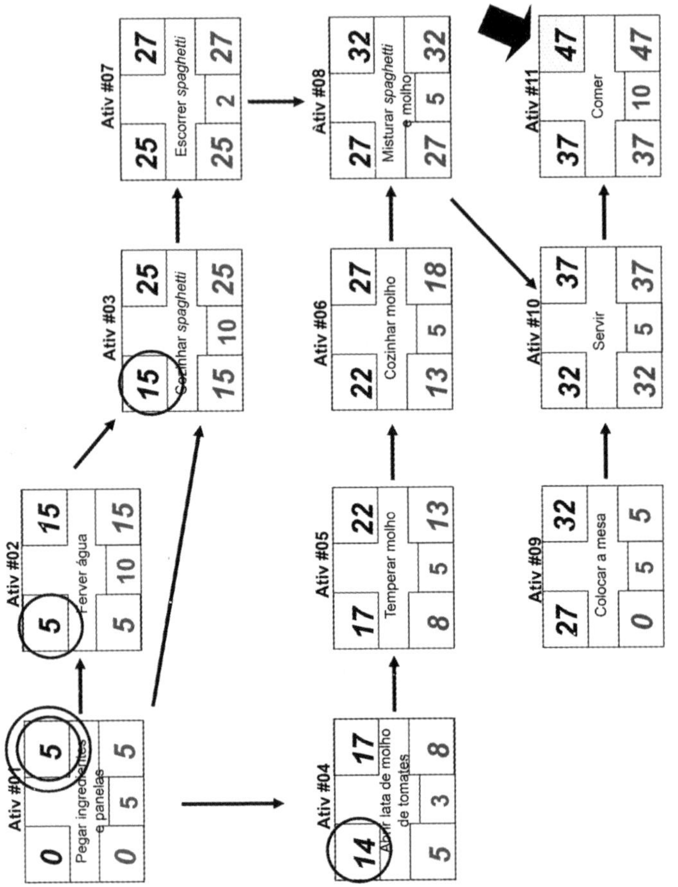

Datas máximas (de início e término das atividades)

Fonte: o autor.

Figura 74

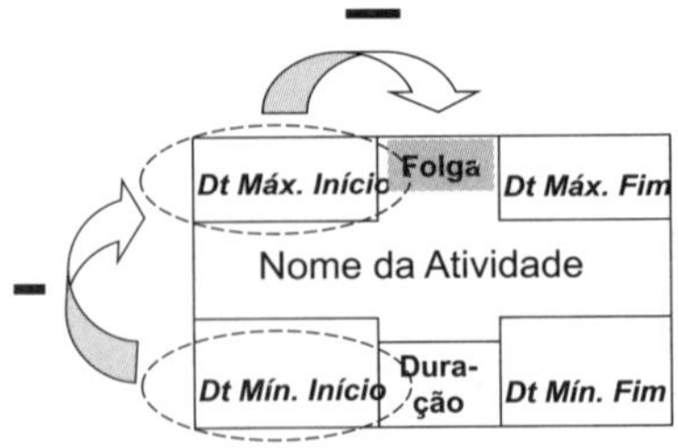

Representação de atividades, com destaque para cálculo da "folga"

Fonte: o autor.

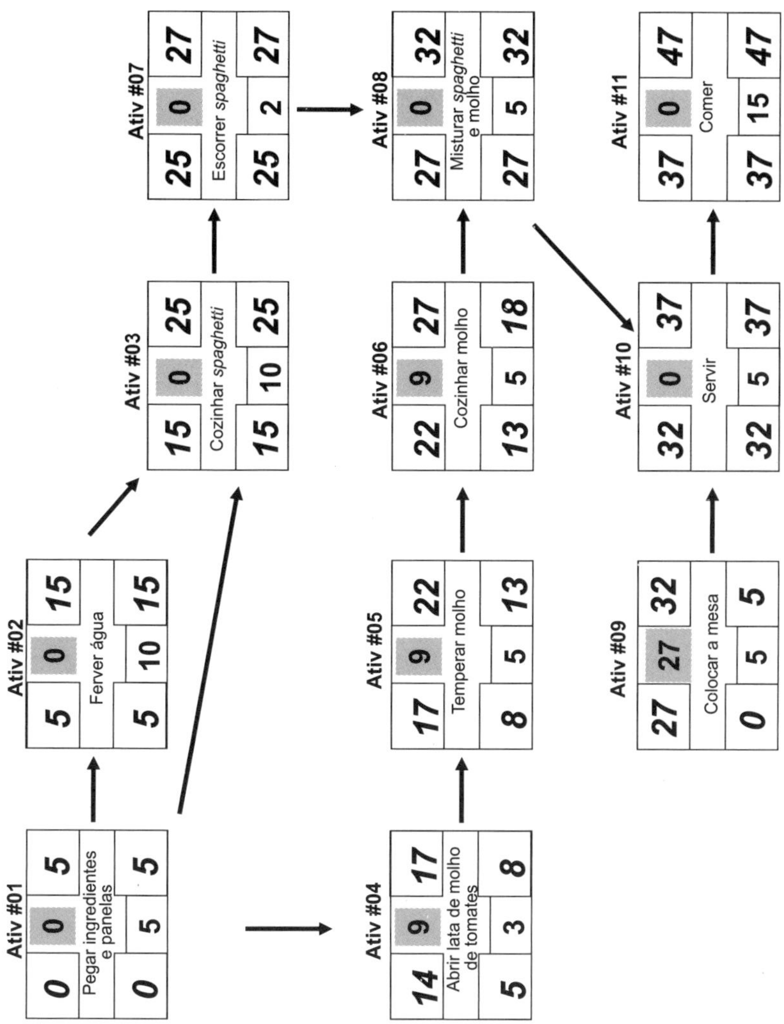

Figura 75

Cálculo das "folgas" das atividades

Fonte: o autor.

Buon appetito a tutti!

Referências

ABPMP (Association of Business Process Management Professionals). **Guia para o gerenciamento de processos de negócio:** corpo comum de conhecimento (BPM CBOK). Versão 4.0. Brasil: ABPMP, 2021.

ALMEIDA, Norberto; ALMEIDA, Felipe. **Metodologia de gerenciamento de portfólio:** teoria e prática. Rio de Janeiro: Brasport, 2013.

ANDRÉ, Hélio; VANHOUCKE, Mario; SALVATERRA, Floriano. Introdução à duração agregada. **Revista Mundo Project Management,** v. 62, abr./mai. 2015.

ANDRÉ, Hélio; SALVATERRA, Floriano. Combinação de técnicas GVA-PA e GDA. **Revista Mundo Project Management**, v. 66, dez. 2015/jan. 2016.

BARDI, Carla. **Spaghetti**. Milano: Mandatori Electa, 2010.

CALDEIRA, Jorge. **100 indicadores da gestão:** key performance indicators. Lisboa: Conjuntura Actual, 2019.

CARVALHO, Marly M.; RABECHINI JR., Roque. **Fundamentos em gestão de projetos:** construindo competências para gerenciar projetos. 5ª ed. São Paulo: Atlas, 2018.

COSTA, Hélio Rodrigues. Análise Qualitativa de Riscos. **Revista Project Design Management**, Curitiba, ano 16, nº 83, p. 82, out./nov. 2018.

DIAS, Fernando. **Gerenciamento dos riscos em projetos**. Rio de Janeiro, Elsevier: 2015.

FINOCCHIO JÚNIOR, José. **Project Model Canvas:** gerenciamento de projetos sem burocracia. Rio de Janeiro, Elsevier: 2013.

GOLEMAN, Daniel; BOYATZIS, Richard E. Emotional Intelligence Has 12 Elements. Which Do You Need to Work On? **Harvard Business Review,** fev. 2017. Disponível em: https://hbr.org/2017/02/emotional-intelligence-has-12-elements-which-do-you-need-to-work-on. Acesso em: 1 ago. 2024.

MAXIMIAMO, Antonio Cesar Amaru; VERONEZE, Fernando. **Gestão de projetos:** preditiva, ágil e estratégica. 6ª ed. Barueri: Atlas, 2022.

MUNIZ, Antonio et al. **Jornada OKR na prática:** unindo práticas e experiências que potencializam resultados. Rio de Janeiro: Brasport, 2022.

NEWTON, Richard. **O gestor de projetos.** 2ª ed. São Paulo: Pearson Prentice Hall, 2011.

OSTERWALDER, Alexander; PIGNEUR, Yves. **Business Model Generation - inovação em modelos de negócios:** um manual para visionários, inovadores e revolucionários. Rio de Janeiro: Alta Books, 2011.

PINTO, Donatella; FENZI, Mauro; FREGNAN, Ezio. **Project and People Management:** una guida operativa. Milano: Mc Graw-Hill, 2013.

PMI, Project Management Institute. **Process group:** a practice guide. Pensilv Pensilvânia, EUA: Project Management Institute, 2022.

_____. **A guide to the project management of body of knowledge (PMBOK Guide).** 7ª ed. Pensilvânia, EUA: Project Management Institute, 2021.

RABECHINI JR., Roque. **O Gerente de Projeto na empresa.** 3ª ed. São Paulo: Atlas, 2011.

SPINOLA, Mauro de Mesquita; BERSSANETI, Fernando Tobal; LOPES, Felipe Bussinger. **Gerenciamento da qualidade em projetos.** Rio de Janeiro: Elsevier, 2014.

STANLEY, Portny E. **Project Management for dummies.** 5ª ed. New Jersey: John Wilety & Sons, 2017.

TERRIBILI FILHO, Armando; MARTINS, Marcelo Carvalho. **Negociação em Projetos:** como obter melhores acordos no gerenciamento de projetos. Rio de Janeiro: Alta Books, reimpressão 2024.

XAVIER, Carlos Magno da Silva. **Gerenciamento de Projetos:** como definir e controlar o escopo do projeto. 4ª ed. São Paulo: Saraiva, 2018.

ZUCCATO, Francisco. **Gerenciamento das aquisições em projetos.** Rio de Janeiro, Elsevier: 2014.

Índice

Símbolos

A

B

C

K

L

M

N

O

P

Q

R

S

T

V

Impressão e Acabamento | Gráfica Viena
www.graficaviena.com.br